DIE SONGS DES BUCHES AUF SPOTIFY
PLAYLIST „BORN TO BE MEISELGEIER"

ÜBER DEN AUTOR
Sven Rohde, geboren 1961, lebt
als Autor, Coach und Musiker in
Hamburg. Der leidenschaftliche
Bassist hat mehrere Bücher geschrieben,
BORN TO BE MEISELGEIER ist nach
DER TRAUM VOM LEBEN IN DIR
über die heute 94-jährige Sängerin Ruth
Rupp seine zweite Künstlerbiografie.

Sven Rohde

BORN TO BE MEISELGEIER
LEGENDE EINER ROCKBAND

PROLOG	**AL PACINO**	11
I	**KEIN TANZTEE**	17
II	**FISCHERSTRASSEN-BLUES**	25
III	**DER OUTLAW**	35
IV	**CHARMING BOY**	45
V	**SCHEISELMEISEL, MEISELSCHEISS**	53
VI	**DAS ENDE DER PUBERTÄT**	67
VII	**DER ULTRA**	79
VIII	**AUFBRUCH IN DIE FREMDE**	91
IX	**WILLKOMMEN ZU HAUSE**	101
X	**ATOMKRAFT? FUCK OFF!**	111
XI	**DER GUERILLERO**	123
XII	**AUFTRITT KARAJAN**	133

XIII	**DER KAPELLMEISTER**	145
XIV	**READY FOR TAKE OFF**	155
XV	**DER EINWANDERER**	165
XVI	**JIMI HENDRIX IN LAUTEM GEDENKEN**	175
XVII	**DAS BÄRCHEN**	189
XVIII	**ENDLICH ROCKSTAR!**	201
XIX	**DER GEIST VON GARY MOORE**	217
XX	**GRUPPENHYDRAULIK**	229
XXI	**DAS OHR**	243
XXII	**BORN TO BE MEISELGEIER**	257
EPILOG	**WE! WANT! MORE!**	269

IMPRESSUM
Bibliografische Information der Deutschen Nationalbibliothek:
Die Deutsche Nationalbibliothek verzeichnet diese Publikation in der
Deutschen Nationalbibliografie; detaillierte bibliografische Daten sind
im Internet über http://dnb.dnb.de abrufbar.

©2020 Sven Rohde, Hamburg
www.svenrohde.com

Lektorat: Katharina Harde-Tinnefeld
Gesamtgestaltung und Satz: Carsten Abelbeck, www.abelbeck.de
Titelfoto: Kai Kestner Photography
Porträts der Meiselgeier: Rainer Erhard, www.rainer-erhard.de
Weitere Fotos: Kai Kestner Photography (S. 223, 235, 273); Erich Matthies (S. 232, 241); alle weiteren Privataufnahmen der Bandmitglieder.

Herstellung und Verlag: BoD – Books on Demand, Norderstedt

ISBN: 978-3-7519-7116-4

PROLOG

All I got is a red guitar
Three chords
And the truth

Jimi Hendrix,
All Along The Watchtower

PROLOG

AL PACINO

Al Pacino hat seinen Auftritt. Mit der Frisur, die Rod Stewart mal erfunden hat, sitzt er im Studio des TV-Moderators Charlie Rose. Das Gesicht vom Leben gegerbt, der ziselierte Bart angegraut, ein Samtsakko, ein grüner Seidenschal und das Hemd viel weiter aufgeknöpft, als siebzigjährige Männer das üblicherweise tun. Aber hey, das hier ist Al Pacino!

Gut drauf ist er, reißt die Augen auf, erzählt mit rauchiger Stimme und der großen Geste eines Theaterschauspielers. Er wartet nicht auf Fragen, er deklamiert. „Ich mag die Wiederholung. Sie hält mich unverbraucht. Die Vorstellung, dass wir eine Aufführung wieder und wieder auf die Bühne bringen, hält mich frisch. Sie fragen sich vielleicht, ob das nicht langweilig wird? Nein! Die Wiederholung bringt Kreativität hervor, sie bringt Ausdruck hervor! Ich gebe Ihnen ein Beispiel. Ich spielte den Richard (in *Richard III.* von Shakespeare), und wir bekamen die Gerichtsszene mit den vielen Leuten auf der Bühne einfach nicht hin. Ich wusste gar nicht, was ich da tat!" Das Leiden ist ihm anzusehen, er formt die Hände zu einer verzweifelten Geste. „Wir probten, wir dachten nach, wir redeten darüber. Was man so tut. Aber bei meiner 85. Vorstellung – meiner 85. Vorstellung! – kannte ich die Szene. Ich verstand sie, ich war angekommen. Ich konnte sie spielen."

Und dann erzählt Pacino von einem Erlebnis als Zuschauer im Theater, als junger Schauspieler. Er saß dort, als der Hauptdarsteller die Bühne betrat, und dachte: „Wow!" Pacino legt die ganze Ausdruckskraft des großen Schauspielers hinein, holt mit den Händen weit aus und reißt abermals die Augen auf. „Das war kein Auftritt, es war etwas anderes! Ein Geschenk! Er öffnete die Tür zu etwas Spektakulärem! Da waren Licht und Energie und Freude!" Und dann, zu Charlie Rose gewandt, der Ton auf einmal ganz cool: „Wissen Sie, was das war? Der machte das seit fünfzig Jahren!"

Warum ich das erzähle? Weil auch die Geschichte der Meiselgeier auf Wiederholung gründet. Seit 1972, als die Band ihre ersten Töne aus den Verstärkern rotzte, spielen die acht Mitglieder – sieben Musiker und Gerdchen, der gute Geist – mehr oder weniger dieselben Songs. Viel, viel öfter als 85 Mal. Ich konnte es nicht überprüfen, aber mit großer Wahrscheinlichkeit haben sie *Born To Be Wild* häufiger gespielt als Steppenwolf selbst. Einfach, weil es sie schon so lange gibt. 1972 ist ja *sehr* lange her. Und offenbar ist es bei den Meiselgeiern wirklich genauso wie bei Al Pacino, der mit seinen acht Oscar-Nominierungen und einer Auszeichnung als bester Hauptdarsteller nun wirklich eine Kapazität ist in künstlerischen Fragen: Wiederholung hält sie frisch und unverbraucht. Das kann jeder bezeugen, der Meiselgeier zuletzt auf der Bühne gesehen hat.

Wie macht man das? Wie schafft man es, geboren in einer Zeit, als noch Pferdewagen in einem bitterarmen Landstrich fuhren, nach fast fünfzig Jahren gemeinsam ins dritte Jahrzehnt des dritten Jahrtausends zu gehen, in dem die ersten selbstfahrenden Autos auf den Straßen unterwegs sind – ganz ohne Millionenvertrag, der einen aneinanderkettet? Sich dabei nicht an die Gurgel zu gehen oder in Desinteresse wegzudämmern? Wie schafft man es als (wir wollen ehrlich sein) Provinzband, die nie das ganz große Rad drehen wollte, zum großen Jimi-Hendrix-Memorial auf Fehmarn, um dort zehntausend Leute zum Jubeln zu bringen?

Es ist eine Geschichte von Freundschaft, Solidarität und Liebe. Wie sie vielleicht nur Menschen erleben, die in der Not aufwachsen, zusammen Kartoffeln klauen und auf dem Lagerfeuer rösten, Diskriminierung erleben und sich nicht unterkriegen lassen. Die aus der Armut kommen wie ihre großen Vorbilder Hendrix, Santana oder Eric Clapton (übrigens auch wie Al Pacino, der in der New Yorker Bronx in desolaten Verhältnissen aufwuchs). Und auch wenn dies aus Gründen der Diskretion nicht weiter ausgeführt werden kann: von denen zwei so eng miteinander sind, dass sie sich an einem lauschigen Sommerabend an der Elbe nicht nur in dasselbe Mädchen verliebten, sondern sich im Verlauf des Abends auch das Kondom teilten (zwischendurch mit Elbewasser ausgespült, das zu jener Zeit noch mit desinfizierenden Substanzen aus der DDR versetzt war).

Es ist eine Geschichte von Leuten, die sich über die raue, ungeschliffene, wunderbar laute Musik, die Ende der 60er, Anfang der 70er die Köpfe durchpustete und den Mief aus den Ohren blies, von der Sehnsucht nach Freiheit anstecken ließen. Die in dieser Musik so etwas wie ihre Heilung erlebten, vielleicht sogar den Kontakt zu etwas Höherem, einer spirituellen Energie. So singt es John Lee Hooker zur Gitarre von Carlos Santana: „The blues, the blues is a healer. It healed, healed, healed." Diese Erfahrung verbindet die Meiselgeier mit ihrer verschworenen Gemeinschaft von Fans, die immer größer wird, je länger es die Band gibt. Woran das liegt: Das ist die Geschichte.

KAPITEL I

What's going on,
Everyone acts crazy

Rory Gallagher,
What's Going On

KEIN TANZTEE

Das Gasthaus *Lönshof* in Hitzacker an der Elbe ist benannt nach dem Heidedichter Hermann Löns. Von ihm stammen so wunderbare Zeilen wie diese:

> *"Grün ist die Heide, die Heide ist grün,*
> *aber rot sind die Rosen, eh' sie verblühn."*

Von der Bühne des Saals im *Lönshof* klingt es an diesem zweiten Samstag im Mai des Jahres 1975 nicht weniger poetisch:

> *"Love me baby*
> *Love me when I'm down*
> *Love me baby*
> *Love me when I'm down*
> *Love me baby,*
> *Always be around."*

Urheber dieser Zeilen ist ein gewisser Kieran White, Sänger der englischen Band Steamhammer, eher eine Fußnote der Musikgeschichte. Vorgetragen werden sie aber von einem jungen Mann aus Penkefitz, Andreas Sauck, Spitzname „Bärchen". Weil er ein wilder Geselle ist mit Bart und langen Haaren, ins Mikro mehr brüllt als singt, weil die Musiker um ihn herum mit großer Leidenschaft ihre

KAPITEL I

DEN *LÖNSHOF* ZUM KOCHEN BRINGEN
Nicht der erste Auftritt – aber ein spektakulärer im völlig überfüllten Gasthof.

BARNY IN HOCHFORM
Sein wildes Spiel reißt alle mit.

Instrumente traktieren und dabei einen infernalischen Krach erzeugen, kocht die Stimmung im ehrwürdigen Saal über. Bluesrock statt Heidelyrik – das bringt Aufruhr ins verschlafene Hitzacker, wo das Unterhaltungsprogramm sonst im sonntäglichen Tanztee gipfelt.

Der *Lönshof* erlebt einen Ansturm wie noch nie. Dreihundert Leute drängeln sich, wo höchstens zweihundert hineinpassen, hoch bis in die Balken über der Bühne klettern sie. Ein Doppelkonzert hat sie magisch angezogen, Meiselgeier aus Dannenberg und Chaos Hydraulik aus Lüchow. Wahrscheinlich muss man in einem Landkreis aufgewachsen sein, in dem Dörfer Dickfeitzen, Salderatzen, Pudripp und Platenlaase heißen, um diese Bandnamen, na ja, nicht komplett bescheuert zu finden. Meiselgeier. Und Chaos Hydraulik. Aber das kümmert hier keinen, die Musik der Bands bläst die Menge um. Zumal jede der anderen beweisen will, dass sie die bessere ist.

Als Meiselgeier stehen auf der Bühne:
Barny Rathje, Percussions;
Muckel Rathje, Gitarre;
Sammy Trunczik, Gitarre und Gesang;
Andreas Sauck, Orgel und Gesang;
Uwe Zerbe, Bass;
Helmut Grabow, Schlagzeug.
Und vor, auf und hinter der Bühne: Gerdchen Piper, Technik.

Die hundert Plakate, die auf die Jugend des Landkreises wie Magnete gewirkt haben, sind selbst gemacht. Malerlehrling Barny hat aus einem Stück Tapete eine Vorlage mit Text und Datum geschnitzt, dann die Vorlage auf weitere Stücke Tapete gelegt und mit der Farbrolle übergemalt. Fertig ist das Plakat. Eigentlich ist

KAPITEL I

alles improvisiert: die meisten Instrumente billig gebraucht geschossen, die Verstärker runtergerockt, die musikalischen Fähigkeiten begrenzt. Aber es ist laut! Darauf kommt es der Meute im knallvollen Saal an. Barny, der sich Jahrzehnte später an den legendären Abend erinnert, grinst. „In einem Zitat von Campino finde ich uns wieder: ‚Wir haben 'ne Band gegründet, Konzerte gespielt, sind auf Tour gegangen, haben Platten gemacht – und dann haben wir gelernt, unsere Instrumente zu spielen.' Wie die Toten Hosen ein paar Jahre später." Okay, keine Platte, aber sonst passt alles.

Nicht nur die Lautstärke bringt Zunder in den Abend, auch die Rivalität der Bands. Die von Chaos Hydraulik betrachten sich als was Besseres. Sie sind ja aus Lüchow, der Kreisstadt, größer als Dannenberg und im Doppelnamen des Landkreises vorne! Der Gitarrist behandelt Muckel, der bei Meiselgeier die Saiten bearbeitet, von oben. „Das begleitet mich schon immer", erzählt er (und der Stachel piekst da unverdrossen): „Da gibt es irgendwelche Klugscheißer, die alles besser wissen und können und einem das Gefühl geben, man sei ein Anfänger. Wenn die in der ersten Reihe stehen und mir auf die Finger gucken – das ist immer dieselbe Competition."

An diesem Samstag im Mai 1975 mit dem besseren Ende für Meiselgeier. Sie haben mit Percussions und Orgel einen echten Vorteil – das klingt schon mal sehr geil nach Deep Purple und Santana! Und sie haben Barny. Er ist in Hochform und reißt alle mit. Sie rocken den Laden. Es ist ein Riesenerfolg. Die Gage für den Abend: 265 Mark. Nicht schlecht für eine Band von Lehrlingen, die wenig mehr als hundert Mark im Monat verdienen. Aber darauf kommt es überhaupt nicht an. Viel wichtiger: Sie haben es allen gezeigt! Denen aus Lüchow. Den Spießern, Lehrern, Nachbarn, Alt-Nazis, die sie seit fast zwanzig Jahren drangsalieren, beschimpfen und ausgrenzen. Die sie behandeln wie Aussätzige, wie geborene Verlierer, und ihnen Steine in den ohnehin schon steinigen Weg legen.

All das ist heute wie weggeblasen. Sie haben es allen gezeigt. An diesem Abend sind sie Rockstars. Sie, die Jungs aus der Bronx von Dannenberg.

KAPITEL II

> So don't fear if you hear
> A foreign sound to your ear
> It's alright, Ma, I'm only sighing
>
> Bob Dylan, *It's Alright, Ma*
> *(I'm Only Bleeding)*

FISCHERSTRASSEN-BLUES

Die Bronx von Dannenberg ist nicht groß. Ein paar Hundert Meter im Quadrat. Mitten in der Stadt liegt sie, zwischen Fischerstraße und Jeetzel, dem Flüsschen, das bald darauf in die Elbe mündet. Die Fachwerkhäuser sind alt und rott, ihr Scheißhaus ein Verschlag im Hof. An der Anlegestelle der Fischer, wo ein paar Boote ankern, türmt sich der Müll. Der Gestank durchzieht die Gassen. Einmal die Woche kommt Kuddi Lerche, der stadtbekannte Säufer, der im Krieg ein Bein verloren hat, und holt den Müll mit dem Pferdewagen ab. Schießereien auf offener Straße wie in der Bronx von New York gibt es nicht, aber es ist dasselbe Bild von Armut, Elend, Verfall und Trostlosigkeit.

Ein tristes Viertel in einem tristen Städtchen in einem schönen, aber bitterarmen Landstrich. In den 50er- und 60er-Jahren ist das Wendland – genauer: das Hannoversche Wendland, offiziell der Landkreis Lüchow-Dannenberg – der Arsch der Republik. An drei Seiten von der DDR umzingelt, „Zonenrandgebiet", strukturschwach und arm. Zwei Industriebetriebe gibt es, ansonsten Landwirtschaft, oft noch mit dem Pferdewagen, bisschen Handwerk, bisschen Handel. Viele Flüchtlinge sind am Kriegsende in endlos langen Trecks hier gestrandet, haben es gerade noch vor der Sprengung der Elbbrücke bei Dömitz herübergeschafft. Oder sie konnten auf anderen Wegen dem Terror der Roten Armee jenseits der Elbe entkommen.

KAPITEL II

Menschen sind gut darin, in jeder Art von Gesellschaft noch irgendeine Hierarchie zu etablieren. Wer sich für was Besseres hält, ist leicht zu erkennen: Er grüßt auf der Straße nur seinesgleichen. So blicken die Lüchower auf die Dannenberger herab, die Städter auf die Dörfler, die kleinen Geschäftsleute auf die kleinen Angestellten, die kleinen Angestellten auf die Arbeiter, die Arbeiter auf die Tagelöhner. Und so ziemlich alle auf die Leute aus dem dreckigen Hinterhof der Stadt, dem Armenhaus, der Bronx von Dannenberg.

Aber Menschen sind auch gut darin, sich im Elend noch ein bisschen zu vergnügen. Abgesehen von den zwei West-Fernsehprogrammen, dem DDR-Fernsehen und dem alljährlichen Schützenfest gibt's dafür nur die Kneipen. In Dannenberg Dutzende. Die Gastwirte haben gut zu tun. Jeden Freitag ist Lohntüten-Ball. Der Wochenlohn wird in Rutschen umgesetzt. Eine Rutsche, das sind ein Bier und ein Korn. Wenn irgendwann die Kinder ihre Väter abholen sollen, von den Müttern geschickt, um den Rest der Lohntüte fürs Haushaltsgeld zu retten, werden sie bestochen. „Komm hier, hast 'n paar Groschen. Kannst dir 'ne Bluna kaufen oder 'ne Runde am Daddelautomaten." Dann das Handzeichen zum Tresen. Weiter geht's mit Saufen. Das Leben ist schon elend genug.

Die ersten Adressen in der Bronx sind *Horst Schröder* in der Langen Straße, das *Sachsenross* und *Das kaputte Sofa*. Hier verbringt Heinz Rathje, genannt Pele, seine Abende. Den Spitznamen (mit der Betonung auf dem ersten „e") verdankt er seiner Begabung als Fußballer, aber sie verkommt im Suff. Das schwarze Schaf einer Honoratioren-Familie ist er, der Vater Obermeister der Schuhmacher, die Schwester hat in die feine Hamburger Gesellschaft eingeheiratet. Pele lernt Maler, schwängert mit neunzehn, also

GRINSEN FÜR DEN FOTOGRAFEN
Die Kindheit der beiden Rathje-Brüder – links Uwe, rechts Bernd – ist alles andere als einfach.

EIN LIEBEVOLLER VATER
... wenn er nüchtern ist. Heinz Rathje, genannt Pele, ist das schwarze Schaf einer Honoratiorenfamilie. Im Suff wird er zum Proll und gewalttätig.

KAPITEL II

noch minderjährig, Uschi. Auch sie aus feiner Familie, sogar adlig, nur leider aus dem fernen, aus dem abgebrannten Königsberg. Eine Flüchtlingsfrau also, bei den Rathjes nicht gern gesehen. In schneller Folge kommen zwischen 1954 und 1956 Monika, Bernd und Uwe auf die Welt, Letzterer benannt nach Uwe Seeler. Sie wohnen in einem Haus von Obermeister Rathje in der Fischerstraße 3. Es steht in Sicht- und Riechweite der Müllhalde, die Kuddi Lerche jede Woche wieder vorm Überlaufen abhält.

Ein intelligenter und freundlicher Mann ist Pele, ein liebevoller Vater. Wenn er nüchtern ist. Leider ist er das selten. Wenn er getrunken hat, wird er zum Proll. Er begrüßt den Superintendenten der Kirche mit einem „na, du Himmelskomiker". Der nimmt das übel und wird es ein paar Jahre später heimzahlen. Betrunken wird Pele auch aggressiv, beschimpft seine Frau als Russenhure und schlägt sie. Alle paar Wochen verliert er komplett die Kontrolle, prügelt, reißt die Kleider aus den Schränken und schmeißt sie aus dem Fenster. Für die Kinder, noch keine zehn Jahre alt, wird das normal. Sie holen die Sachen eben wieder rein und sehen zu, dass sie irgendwie die Mutter schützen. Mit verteilten Rollen. Bernd springt dem Vater in den Nacken und wird von ihm nicht selten an die Wand geklatscht. Uwe versucht, ihn zu besänftigen. Das kann er gut. Er bekommt früh den Spitznamen Muckel, weil er sonntags zu den Eltern ins Bett krabbelt, wo's so muckelig ist. Er ist das Nesthäkchen, gerne zu Hause, um sich betüddeln zu lassen. Bernd – später nur noch Barny – ist der Distanzierte. Schon als kleiner Junge hasst er es, wenn ihm jemand über den Kopf streichelt. Dann zieht er weg, krabbelt unter den Tisch oder haut ganz ab.

Anfang der 60er wird der Seitenarm der Jeetzel zugeschüttet. Auf dieser neuen Fläche können die Jungs Fußball spielen. Pele malt ein Tor an eine Mauer. Dahinter liegt allerdings der Garten vom Hut- und Fischgeschäft Renger (was für eine fantasievolle Kombination), und natürlich fliegt der Ball regelmäßig dort hinein. Dann muss einer der Jungs in Sekunden die Mauer entern und den Ball zurückholen, denn sonst gibt es mächtig Ärger mit dem fast zwei Meter großen Herrn Renger. Auch ein vielseitiges Training: erst schön präzise schießen lernen, damit der Hut- und Fischhändler einem nicht die Ohren langzieht. Oder beim Entern des Gartens flink und kräftig werden, damit nur ja der Ball gerettet wird.

Bei aller Not und Gewalt: Gastfreundschaft ist ein hohes Gut in der Fischerstraße. Wenn es für vier Kinder nur drei Schaumküsse gibt, schneidet Mutter Rathje sie in vier gleich große Teile. Die Freunde der Jungs kommen gerne. Hier geht es nicht förmlich zu, die Kissen auf dem Sofa haben keinen Genickschlag, und obwohl die Familie zu den Ärmsten im Städtchen gehört, sind immer Bonsches für alle da. Deckt Uschi den Tisch, gibt's ein Gedeck mehr für einen unerwarteten Gast. Auch Kuddi Lerche behandelt sie mit ausgesuchter Freundlichkeit. Kommt er mit seinem Pferdewagen vorbei, oft spottende Kinder hinter ihm, fragt sie aus dem Fenster: „Herr Lerche, haben Sie denn schon gegessen?" Ein paar Minuten später reicht sie gebratene Eier nach draußen.

Die Brüder werden gemeinsam eingeschult, weil Barny, der ein Jahr ältere, mit sechs zur Erholung nach St. Peter Ording muss, wo er entsetzliches Heimweh hat. Auch Muckel ist oft krank, leidet unter Migräne, aber für eine Kinderlandverschickung ist es offenbar nicht schlimm genug. Sie tragen alte Sachen auf – eine schreckliche Latexhose ist in peinlicher Erinnerung – und bekommen täglich die Ablehnung zu spüren, die der Bronx gilt, noch mehr aber dem Vater. „Ach, du bist 'n Raatsche", heißt es, „Raatsche" nicht Rathje. Was soll aus denen schon werden!

KAPITEL II

**BERND, SPÄTER NUR NOCH
BARNY, IN DER FISCHERSTRASSE**
Die Gasse unweit der Jeetzel ist bei den
Dannenbergern verrufen. Wer hier wohnt,
hat es schwer im Städtchen.

Ein bis zwei Flaschen Korn oder Rum trinkt Pele am Tag. Sonntags, wenn die Geschäfte geschlossen sind und der Nachschub fehlt, droht er, ins Delirium zu fallen. Dann muss einer zum Kaufhaus Günther und klingeln, um Schnaps zu holen. „Wer geht Alkohol holen?" heißt es dann. Und „Muckelchen, der Klügere gibt doch nach, oder?" Auch das ein Moment, in dem Barny sich gerne vom Acker macht.

Auf dem Weg nach unten gibt es kein Halten. Pele hat über mehrere Monate seinen Lohn versoffen und seinem Vater die achtzig Mark Miete nicht bezahlt. Obermeister Rathje kennt in seiner Prinzipientreue kein Erbarmen und wirft die Familie aus dem Haus. „Das war sehr schlimm", erinnert sich Muckel. „Wir haben zuerst in einer Katakombe auf einem Hinterhof gewohnt, keine Tapeten an der Wand – ich hab mich so geschämt!"

Wie halten Kinder das aus? Sie machen einfach weiter. Werden krank, werden wieder gesund, spielen mit Kumpels, leiden gemeinsam, freuen sich gemeinsam. Gerdchen Piper wohnt gleich um die Ecke, Volker Christ zieht aus dem nahen Penkefitz in die Bronx, Helmut Grabow ist in derselben Klasse. Fünf Meiselgeier haben sich schon gefunden. Sie wissen es nur noch nicht.

KAPITEL III

> Oh, I was born in a dump
> My mama died, daddy got drunk
> He left me here to die or grow
> In the middle of Tobacco Road
>
> Eric Burdon, *Tobacco Road*

DER OUTLAW

"Du verlauster Langhaariger!" Ein wütender Schrei schallt von oben aus dem Fenster über dem Kirchplatz. Unten geht Barny. Es ist der Vater der Vermieter von Rathjes Wohnung, der seiner Empörung Luft macht. Sie haben über der Heißmangel, wo Uschi arbeitet, eine neue Bleibe gefunden. Ein paar unverständliche Schimpfwörter schickt der Mann hinterher. Die Antwort kommt ohne Zögern: "Du blöder alter Sack! So oft, wie ich mir die Haare in der Woche wasche, wäschst du sie in drei Jahren nicht. Guck dich mal in 'n Spiegel." Soll Muckel sich darum kümmern, die Stimmung im Haus wieder zu beruhigen.

Langsam, ganz langsam kommt im Mief des Wendlands als laues Lüftchen an, was in der Welt da draußen wie ein Sturm die verkrusteten Strukturen der Nachkriegsgesellschaft aus den Angeln hebt. Wo die Jugend rebelliert, die Musik lauter, wilder, exzessiver, rauer wird, die Haare länger werden. Und das ist wahrlich mehr als eine Mode.

Wie heißt es in dem legendären Roadmovie *Easy Rider*, 1969 in die Kinos gekommen?

"Tja, Mann, alle haben sie Schiss. Sie haben Angst vor uns."

"Sie haben keine Angst vor dir, sie haben Angst vor dem, was du für sie repräsentierst."

„Alles, was wir für sie repräsentieren, ist nur jemand, der sich nicht die Haare schneidet."

„Oh nein, was du für sie repräsentierst, ist Freiheit."

Barny hat die längsten Haare in Dannenberg, jedenfalls bei den Jungs. Bis zum Arsch reichen sie. Dass er abgestempelt ist, kennt er von klein auf, robuste Gegenwehr hat er im Kampf mit Pele gelernt, und auf den Mund gefallen ist er schon mal gar nicht. Er keilt immer zurück, egal gegen wen. Franzl Klahn, der erste Schlagzeuger von Meiselgeier und Sohn des Wirts vom *Sachsenross*, erinnert sich: „Barny war eigenwillig, schon immer. Der hat sich nie etwas sagen lassen. Ich hatte großen Respekt vor ihm, denn er war ein unheimlich Schneller. Ich kenne kaum jemanden, der schneller war. Eigentlich ein friedliebender Mensch, aber wenn ihm jemand zu nahe kam oder sich prügeln wollte, dann faltete er den zusammen. Ohne Zögern. Bei Barny galt auch die Devise: schlafen lassen. Wenn der getrunken hatte und in der Kneipe einschlief, musste man ihn schlafen lassen. Wer ihn weckte, lief Gefahr, eine verpasst zu bekommen – offenbar ein Schutzreflex. Also ließen wir ihn schlafen. Und wenn er nachts aufwachte, stieg er eben aus dem Fenster der Kneipe."

Mit dreizehn beginnt er um die Häuser zu ziehen und in die Disko zu gehen, er gehört zu einer Clique von Leuten, die drei, vier Jahre älter sind. Die fahren schon Moped, später Auto. Die Grenzen des Wendlands sind schnell erkundet. Deswegen geht's nach Lüneburg, nach Hamburg ins legendäre *Grünspan*, und Barny, der Kleine, ist als Maskottchen dabei. „Ich hätte mir jede Art von Drogen reinfegen können, mit aufregenden Mädchen etwas anfangen, aber mir ging's nur um Musik und Action." Ein oder zweimal raucht er einen Joint, wird müde und fragt sich, wozu das denn wohl gut sein soll.

Klamottenmäßig ist er schlecht dran, denn an Geld für Kutten und Veddelhosen, wie sie die Kumpels tragen, ist nicht im Traum zu denken. Aber Barny kann nähen! Hat er in der Volksschule im Handarbeitsunterricht gelernt – auf eigenen Wunsch, zur Verblüffung seiner Lehrerin – und später von Näherinnen gezeigt bekommen. Also: Jeans in der Badewanne angezogen, damit sie hauteng sitzt, mit Bimsstein abgeschrubbt, dann richtig breite Keile in den Schlag genäht und die Kanten kräftig ausgefranst. Ein Anfang. Dann kommt die beige Cordjacke dran. Cord! Und beige! „Was ich nicht wollte, das wollte ich eben nicht", erzählt er grinsend (das ist übrigens immer noch so). Er schneidet die Ärmel ab, eine Weste ist schon mal besser. Und dann gibt es doch auf der Tankstelle in Dannenberg diese Wimpel mit den Flaggen der USA, Englands und Australiens. Nachts steigt er ein, klaut sie und näht sie hinten auf die Weste. „Warum ich damit nicht erwischt wurde, weiß ich bis heute nicht. Das war ja so was von offensichtlich, wer die Dinger geklaut hatte!"

Er wird sehr schnell flügge. Da hat die Schulkarriere schon einen Knick bekommen, ist der Ausflug aufs Gymnasium, wo die Großeltern den ältesten Enkel sehen wollten, beendet. Er bleibt auch mal eine Woche weg, geht nicht zur Schule, wird von der Polizei gesucht, weil die Lehrer Alarm schlagen. Nur Mutter bleibt ganz entspannt. Sie weiß: Wenn irgendetwas ist, wird sich der Junge schon melden.

Nicht ganz unschuldig an dieser Entwicklung ist Rainer Berg. Rainer gehört zu den Älteren, mit denen Barny um die Häuser zieht. Ihn hat es nach der Scheidung seiner Eltern mit der Mutter von Hamburg nach Dannenberg verschlagen. „Für Gesetzlose war es damals eine wilde Zeit", erzählt er, brummt ein „war gut" in seinen weißen Bart und macht ein undurchdringliches Gesicht. „Es gab wenig Limits, weil die Einheimischen so vor sich hinlebten. Wenn jemand aus der Reihe tanzte, dann haben die das gar nicht begriffen, diese Hillbillys." Hillbillys, so nennen sie in den USA die Hinterwäldler. „Deswegen konnte man viel machen, was in Hamburg nicht möglich gewesen wäre. Die Polizei schlief so vor sich hin." Mit vierzehn ist Rainer der jüngste DJ der Stadt. Im Ratskeller legt er auf, was den Geist der Rebellion zum Klingen bringt: Santana, Jimi Hendrix, Steppenwolf, Eric Burdon, Cream, Taste. Eine Ahnung von Aufbruch.

Barny, den schon immer das Raue in der Musik fasziniert hat, geht auf in Blues und Bluesrock. Er entdeckt seine Liebe zu *Tobacco Road* von Eric Burdon. Nicht nur der treibende Rhythmus, die Harp und die leicht gequälte Stimme von Burdon packen ihn, sondern auch die Geschichte, der Text. Den muss er sich „heraushören", mit seinen nicht so tollen Englischkenntnissen. Zahllose Male lauscht er dem Song, der vom Elend der Familie eines Trinkers erzählt und der trostlosen Jugend eines jungen Mannes im Slum: „Gott weiß, wie sehr ich diesen Ort verabscheue ..." In der Realschule hält er ein Referat darüber.

Natürlich haben die älteren Jungs der Clique auch eine Schülerband. Alles spielt sich rund um die Kirche ab, mitten in der Bronx. Im Keller des alten Gymnasiums gibt es einen großen Raum, da machen sie Musik. Barny sitzt am Rand auf einem Holzstuhl und trommelt auf ihm herum. So wie Pele das immer auf dem Küchentisch macht. „Dann nahm ich mir einen zweiten Stuhl dazu, der ein bisschen anders klang. Und merkte, aha, je nachdem, wo ich draufhaue, kommt ein anderer Sound."

Aus Teilen, die er Freunden abkauft, entsteht ein kleines Schlagzeug. Geübt wird gemeinsam mit Helmut Grabow. Aber der ist intensiver bei der Sache, wird immer besser, und so verliert Barny langsam das Interesse. Wie wär's stattdessen mit dem wilden

NORMALOS? DAS SIND DIE ANDEREN!
„Für die Dannenberger war ich ein Aussätziger", erinnert sich Barny, „der langhaarige Bombenleger mit Jeansjacke."

KAPITEL III

Getrommel, das bei Santana so unfassbar gut klingt und bei *Tobacco Road* den Groove nach vorne treibt? So kommt er zur Percussion. Mit siebzehn kauft er sich Bongos, die er sich hart erarbeitet: Er trägt Brötchen und Zeitungen aus, füllt im Waschsalon Waschpulver ab, schneidet am Gümser See ‚Bumskeulen' – Rohrkolben – ab und bietet sie in jedem Laden als Deko an. Bis einer der Geschäftsleute ihm den Handel verdirbt: „Die stehen unter Naturschutz!"
„Die sind bei uns aus dem Garten."
„Auch dann stehen sie unter Naturschutz."
Schließlich sind die 170 Mark für Bongos von Sonor trotzdem zusammen. Richtig schicke, im Prospekt entdeckt und in München bestellt.
Außerdem hat ein Schulkamerad eine Mundharmonika. In der Wohnung darf er sie nicht spielen (was sollen denn die Nachbarn denken!), aber auf dem Dachboden. Zusammen gehen beide nach oben, und auch Barny darf mal. Eine wegweisende Erfahrung: „Da habe ich gemerkt, dass ich nicht irgendwelche Melodien spielen will, sondern etwas Freies." Grenzen mag er einfach nicht.

Eine neue Welt öffnet sich. Von den Kumpels bekommt er Platten aus den Südstaaten, die sie irgendwie aus Hamburg oder Hannover organisieren. In Hamburg entdeckt er den Versandhändler Zweitausendeins, wo man nicht nur kaufen, sondern auch bestellen kann. Von da an ist es ein steter Strom von Singles, die der Postbote zu Rathjes trägt: Hendrix, Santana, Janis Joplin. Barny hört sich Schlagzeug, Percussion und Blues Harp heraus und spielt zu den Platten. Weil er nicht weiß, dass da manchmal zwei oder drei Percussionisten am Werk sind, entwickelt er seine eigene, etwas merkwürdige Variante. Und weil es keinen gibt, der ihn korrigiert, auch seine eigene Technik: Er spielt verkehrt herum, wie ein Linkshänder auf Bongos für Rechtshänder.

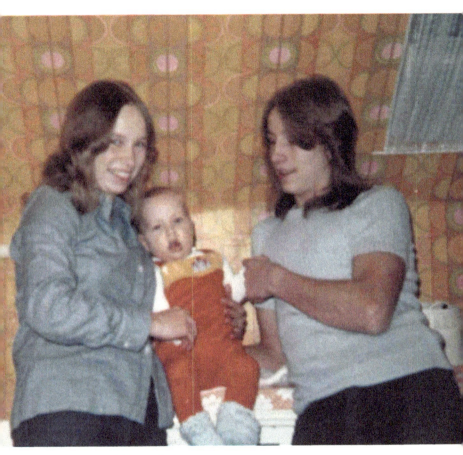

EIN SEHR FRÜHES GLÜCK
Noch nicht volljährig, aber schon Eltern:
Gitti und Barny mit dem kleinen Sascha.

KAPITEL III

Es kommen aber nicht nur die Bongos – es kommt auch ein Kind. Sascha. Das liegt ja in der Familie. Pele wurde mit neunzehn Vater, die Schwester Monika mit sechzehn Mutter, und auch Barnys Freundin Gitti ist gerade erst sechzehn. Wenn es noch etwas gebraucht hat, um seinen Ruf komplett zu ruinieren, dann ist es das. Jetzt hat der Raatsche, dieser Gammler, auch noch ein junges Mädchen geschwängert. „Für die Dannenberger Normalos war ich ein Aussätziger", erinnert sich Barny. „Ich, der langhaarige Bombenleger mit Jeansjacke, auf die ich mit Nieten ein Kreuz draufgenagelt hatte."

Aber die Solidarität der Familie hält. Pele, nicht mehr aggressiv, sondern schwach, körperlich verfallen, gelb von Leberzirrhose und auf den Gehstock angewiesen, freut sich auf sein zweites Enkelkind. Als Gitti mit Wehen ins Krankenhaus kommt, müht sich der werdende Opa immer wieder zur Telefonzelle, um dort anzurufen. Einen Tag vor seinem Geburtstag, am 27. Mai 1973, wird Sascha geboren. Und Opa ist stolz wie Oskar, als das Kind schließlich da ist. „Zu erleben, wie er sich auf seinen Enkel gefreut hat, das hat mich versöhnt", erzählt Barny, die Stimme ganz weich. „Weil ich ihn wieder auch von seiner sensiblen Seite kennengelernt habe. Er hat mir wirklich übel mitgespielt, aber da habe ich ihm verziehen. Im tiefsten Innern war er ein liebenswerter Mensch, sehr intelligent und kreativ. So hätte ich ihn gerne noch länger erlebt. Aber das war ihm und mir leider nicht vergönnt. Der Alkohol hatte ihn schon zerstört." Ein halbes Jahr später, Weihnachten 1973, stirbt Pele. Er wird nur neununddreißig Jahre alt.

Sascha wächst zunächst im Haus von Gittis Eltern auf. Auch Barny zieht nach einer Weile dorthin. Der Outlaw wird häuslich. Erst einmal.

KAPITEL IV

> I said: "Slow, don't go so fast
> Don't you think that love can last"
> She said: "Love, Lord above,
> Now you're tryin' to trick me in love"
>
> Free, *All Right Now*

CHARMING BOY

Musiker haben es leichter bei den Frauen. Das ist kein Chauvi-Talk, sondern empirisch abgesicherte Wissenschaft. Und gilt vor allem für Gitarristen. Psychologen vermuten, dass Frauen das Instrument entweder direkt mit guten Genen und Fruchtbarkeit in Verbindung bringen oder mit Eigenschaften wie Feinfühligkeit, Fleiß und Intelligenz. In Gitarristen, die Balladen spielen, sehen sie sanfte, sensible und einfühlsame Männer, die ihnen ihre Wünsche von den Augen ablesen. Mit Lead-Gitarristen assoziieren sie dagegen eine gewisse Stärke. Vor allem Rock'n'Roller umgibt die Aura des wilden, kraftstrotzenden, unabhängigen, Mannes, der damit besonders sexy wirkt. So weit die Forschung.

Und nun ins Dannenberg der frühen 70er, wo Rudi Heilmann die Szene am Schlossgraben beherrscht. Da trifft sich die einheimische Jugend zum Knutschen, und Rudi kann *Blowing In The Wind* und *Sag mir wo die Blumen sind* nicht nur spielen, sondern auch singen. Damit ist er der umschwärmte, unangefochtene Star. Muckel ist ebenfalls da und versteht das Prinzip sofort. Auch eine Art empirischer Forschung. Sie bringt seinen Ehrgeiz auf der Gitarre so richtig zum Brennen.

Dass er die Aufmerksamkeit anderer gern auf sich gerichtet sieht, hat er früh gemerkt. Da er gut auswendig lernen kann, hat er

KAPITEL IV

die Aufgabe, bei einer Weihnachtsaufführung der Schule, zu der auch die Eltern kommen, ein richtig langes Gedicht aufzusagen. Es gelingt fehlerlos. Das Publikum ist begeistert und feiert ihn mit einem Sprechchor: „Mu-ckel, Mu-ckel, Mu-ckel." Das gefällt ihm ganz außerordentlich. Und macht Appetit auf mehr.

In der Schule hat er nichts auszustehen. Weniger ehrgeizig als Barny in jenen Jahren, ist er gutes Mittelmaß. Für die Realschule hätte es wohl gereicht, aber da gibt es seine große Liebe in der Volksschule: Irmgard. Als zu Hause die Frage diskutiert wird, ob er auf die Realschule wechseln wolle, winkt er ab: „Nee, ich möchte lieber bei Irmgard bleiben." Und so bleibt er, gemeinsam mit Volker und Helmut. Und Irmgard. Die allerdings gar nichts von seiner Verehrung weiß (und zwanzig Jahre später knallrot wird, als sie davon erfährt). Heute sagt Muckel: „Ich hatte eine wirklich schöne Schulzeit." Es gibt wahrlich nicht viele aus jenen Jahren, die das von sich sagen können.

Zu Hause ist er bestechlich. Barny haut ab, Muckel hilft. Für Streicheleinheiten hängt er sich richtig rein. Marschiert mit dem Handwagen zum Händler, um die Kohlen zu holen, geht mit Pele zur Schwarzarbeit, hilft bei der Wäsche. Dem neuen Schwager Heinz-Dieter, der kurz zuvor seine Schwester Monika geschwängert hat, ist er viel zu nett, zu opportunistisch, zu harmoniebedürftig. Heinz-Dieter ist im Heim aufgewachsen und ein ziemlicher Kotzbrocken. Aber: Er hat eine Gitarre. Zwar ohne Saiten, aber das macht sie nicht weniger begehrenswert. „In dem Moment, als ich sie sah", erzählt Muckel heute, „wusste ich: Wenn ich so etwas besitze, werde ich nie wieder Langeweile haben. Dieser Satz hat mich nicht verlassen."

Kotzbrocken hin oder her: Heinz-Dieter schenkt ihm das Ding. Fünfzehn Jahre alt ist Muckel, ein hübscher Junge mit langen blonden Haaren, nur furchtbar schüchtern, vor allem bei

Mädchen. Die Gitarre soll helfen. Im Gegensatz zum großen Bruder, der intuitiv lernt, muss Muckel dafür arbeiten. Er sagt: „Ich habe früh begriffen: Wenn du dir Dinge konzentriert erarbeitest, dann nervst du erst mal und bekommst kein Lob – aber wenn du's kannst, eben doch. Dauert etwas länger. Mich packt dann der Ehrgeiz, und ich kriege das hin."

Einen Gitarrenlehrer gibt es nicht. Geld ist eh keins da – und wer würde einen „Raatsche" schon unterrichten? Also lernt er von seinen Kumpels. Volker bringt ihm das G bei, ein weiterer Freund, Achim, noch mehr Akkorde. Während Barny und Muckel, die sich ein Zimmer teilen, mit Mädchen knutschen (vor allem Barny), spielt Achim dazu Gitarre. Vor den Betten gibt's Gardinen, die werden dann zugezogen, aber die Melodie von *Love Like A Man* von Ten Years After dringt natürlich trotzdem durch. Und Muckel denkt: „Wenn ich das erst kann ... Dann hab ich sie ... die Mädels."

Die ersten eineinhalb Jahre spielt er nur Hey Joe. Immerhin fünf Akkorde. Leider weiß er noch nicht, dass man sie auch in anderer Reihenfolge spielen kann. Das nervt natürlich, nicht nur den Gitarristen selbst. Aber als er verstanden hat, dass man Akkorde beliebig gruppieren und wiederholen kann, kommen in schneller Folge die nächsten Songs: Hound Dog etwa. Und Blowing In The Wind. Volker offenbart ihm das nächste Geheimnis: Barré-Griffe, die höheren Weihen des Akkordspiels, wofür die Finger erst Kraft aufbauen müssen. Aber vor allem das Solospiel hat es ihm angetan. Aus dem Balladen-Gitarristen soll ein Lead-Gitarrist werden. Die erste E-Gitarre, einen schwarzen Gibson Les Paul-Nachbau, kauft er gemeinsam mit seinem Schwager in Hannover, für 180 Mark. Er spielt über einen alten, runtergerockten Verstärker, aus dem irgendwie Töne kommen.

KAPITEL IV

SANFT, SENSIBEL UND EINFÜHLSAM
Das erkennt Muckel früh: *Blowing In The Wind* kommt bei den Mädels sehr gut an.

Mit sechzehn darf Muckel bei einer Band von älteren Musikern mitspielen, die einen Auftritt im Dörfchen Zernien haben. Die Rocker sind erfahrene Leute, Muckel ist der Rookie, der mitschrammeln darf. Er kann am wenigsten, sieht aber am besten aus, als hübscher junger Bursche mit langen blonden Haaren. Die Frauen im Publikum mögen das. Die Musiker nicht. Alle bekommen von Ritchie, dem Bandleader, zehn Mark, Muckel nur fünf. Er soll nur die Hälfte wert sein? Immerhin hat er die Mädels auf seiner Seite und lernt Petra, seine erste Liebe kennen. Für die alten Säcke dagegen interessiert sich keine. Ha!

Das stachelt den Neid der anderen an. Zwei Wochen später bekommt Muckel einen Brief mit dem Briefkopf eines Musik-Managements. „Wir haben dich auf dem Konzert in Zernien gesehen und dich als guten Gitarristen erlebt. Kannst du dir vorstellen, in der Musikhalle in Hamburg aufzutreten?" Komplett euphorisch und stolz wie Harry läuft er zu seiner Mutter: „Mutti, stell dir vor, ich soll in der Hamburger Musikhalle auftreten!" Sie reagiert seltsam verhalten: „Ach ja, Muckelchen. Das ist ja schön."

Er stutzt. „Freust du dich denn gar nicht?"

„Ach Muckelchen, weißt du was? Der Brief ist von Heinz-Dieter und Ritchie. Die wollten dich auf den Arm nehmen."

Wie demütigend! Erst die fünf Mark, dann dieser Brief. Zwanzig Jahre später wird Muckel tatsächlich in der Musikhalle auftreten. Was für eine Genugtuung.

Es ist eine harte Zeit. Der Vater verfällt immer mehr, und der Einstieg ins Berufsleben könnte demoralisierender kaum sein. Dem Berufsberater hat Muckel erzählt, dass er gerne bastelt, woraus der messerscharf schließt: „Ach, dann werd' doch Maschinenbauer." Er weist ihm eine Lehrstelle nach. Zunächst ist es ein Martyrium. Der Meister hasst Langhaarige, und Muckel ist der

KAPITEL IV

einzige mit Mähne und Haarnetz in der Werkstatt. Er bekommt die langweiligsten Aufgaben übertragen, muss aber umso mehr malochen. Zu widersprechen traut er sich nicht, wird aber umso häufiger krank: neun Monate in dreieinhalb Jahren. Als er in die Gewerkschaft eintritt, wird es im Betrieb noch schlimmer. Bis die Mutter interveniert und den Meister zur Rede stellt. Schließlich die Rettung, ein anderer Meister kommt, ein junger, bei dem der Lehrling sich ausweinen kann. Rockmusik findet der Nachfolger übrigens toll. Und er stützt den Jungen, als dessen Vater stirbt – da ist Muckel gerade siebzehn. Er übergibt ihm Projekte, die eigentlich Gesellen hätten machen sollen. Das weckt Muckels Ehrgeiz. Er schließt die Lehre als Bester ab, besteht mit der Note „Eins" und wird Sieger der Kammer in Lüneburg.

„Das hat mich geprägt", weiß Muckel heute. „Die Macht des Positiven bringt Leute nach vorne, nicht Angst, nicht Abwertung, sondern die positive Herausforderung. Wenn man bei einem, der gestrauchelt ist oder abgefuckt, das Körnchen Positives aktiviert, was in ihm ist, dann kann eine Umkehr gelingen. Das habe ich an mir erlebt, aber auch bei anderen. Das ist zu meiner Leitlinie geworden. Man braucht ein bisschen Geduld, aber es lohnt sich. Na ja, nicht immer, aber meistens. Man ist, wie man ist, weil man sich entscheidet, so zu sein."

Und so wird einer, der als Balladen-Gitarrist angefangen hat, Lead-Gitarrist, indem er die Demütigungen überwindet. „Diese Welt der Musik ist anders", hat Muckel früh erkannt. „Da gelten andere Regeln. Die kann unglaublich brutal sein, auch enttäuschend. Aber wenn's mir nicht gut ging, dann wusste ich immer noch: Ich bin Gitarrist, ich kann Gitarre spielen! Und das hat mir mehr bedeutet als meine Eins in der Gesellenprüfung."

KAPITEL V

Goin' down
Party time
My friends are gonna be there too

AC/DC, *Highway To Hell*

SCHEISELMEISEL, MEISELSCHEISS

„Käthe! Kääääthe!"
Eine unangenehm hohe, durchdringende Stimme tönt durch die kleine Wohnung neben der ehemaligen Heißmangel Harder hinter der Dannenberger Kirche. Im Esszimmer sitzen Barny, Muckel und Andreas am Tisch, hinter dem offenen Durchgang zum Wohnzimmer Mutter Rathje mit Herrn und Frau Nowak. Er ein stämmiger Knubbel, kriegsversehrt, mit einem Haken am Arm wie einst Käpt'n Hook, sie eine hoch aufgeschossene, ausgemergelte Person mit einem Gesicht, das an die Flagge des Piraten erinnert. Herzensgute Leute, aber ein Paar wie eine Karikatur. Sie sehen fern, eine Sendung mit – ja, ich weiß, das spoilert jetzt die Pointe der ganzen Geschichte: Inge Meysel.

Die jungen Musiker nebenan, die hier sonst proben, sind gerade auf der Suche nach einem Namen für ihre neu gegründete Band. Albern sind sie drauf und prollig. Kein konventioneller Name wie The ... Beatles, Lords, Rattles, Rathjes soll es werden, auch kein poetischer wie Steppenwolf oder Deep Purple. Nee, er darf gerne richtig scheiße sein. Es macht eben auch frei, wenn die anderen da draußen einen sowieso ablehnen. Also kommt Inge Meysel gerade recht. Zum Reimen eignet sich der Name bestens. Das Motto: je blöder, je besser.

KAPITEL V

Geißelmeier
Geiselmeier
Geiselreier
Scheiselreisel
Steiselmeisel
Streiselmeisel
Scheiselmeisel
Meiselscheiß

Ist der Name ausgesprochen, zeichnet Uwe in ein kleines rotes Büchlein die Karikatur dazu. Ist ja klar: Eine anständige Band braucht nicht nur einen Namen, sondern auch ein Logo. Skurrile Figuren sind das, vogelähnliche Gestalten mit Helm, Baskenmütze oder Cowboyhut. Irgendwann fließt ihm ein Geier mit Knollennase aus den Fingern – und da ist der Name: MEISELGEIER. Wir schreiben das Jahr 1972, und es ist November. Die Sache ist klar, die Suche beendet. „So heißen wir jetzt."

Dass es eine Band geben würde, war lange klar. Aber die Kumpels aus der Dannenberger Bronx mussten sich ja erst noch die Basics draufschaffen, um ihre drei bis fünf Akkorde zu so einer Art Viervierteltakt auf den Drums runterschrubben und wenigstens ein kurzes Solo beisteuern zu können. Und es braucht einen Raum, in dem man das miteinander ausprobieren kann. Hier kommt Gerd Piper, Gerdchen, ins Spiel. Mit vierzehn Jahren ist er der Jüngste der Clique. Sein halbherziger Versuch, Schlagzeug zu lernen, ist beendet, sein Tatendrang aber ungebrochen. Und: Sein Vater ist Hausmeister der Realschule. Dort gibt es einen Kellerraum, wo sich die Schüler, die mit dem Bus aus der Umgebung kommen, morgens aufhalten, bevor die Schule aufgeschlossen wird. Den

PROBE IM WOHNZIMMER DER RATHJES
An der Gitarre: Sammy Trunczik. Sein Instrument wird in einschlägigen Kreisen nach einem Kaufhaus „Hertie-Caster" genannt.

KAPITEL V

Vater davon zu überzeugen, dass er diesen am schulfreien Sonntag für eine Bandprobe aufschließen könnte, ist nicht ganz leicht – die Musikvorlieben und -abneigungen zwischen Vater und Sohn prallen unversöhnlich aufeinander. Hier Roy Black, Peter Alexander und Heino, dort Gallagher, Taste, Santana. „Diese Gammler-Musik in meiner Schule …?" Aber schließlich willigt er ein. Darf nur offiziell keiner wissen.

Inoffiziell macht die Nachricht sofort die Runde. An die dreißig Jugendliche haben sich am Sonntag eingefunden um mitzukriegen, was da abgeht. Mit Schubkarre und Bollerwagen schaffen die Musiker ihr Zeug heran. Andreas kommt aus Penkefitz, wenige Kilometer von Dannenberg, aber bei ihm klappt es nicht so wie geplant. Er will Bass spielen und hat sich Saiten gekauft, um sie auf seine E-Gitarre zu spannen. Um nach wenigen Minuten festzustellen: Das geht nicht (für Nicht-Musiker: Es geht wirklich gar nicht!). Mit einem geliehenen Bass, eilig besorgt, ist er trotzdem dabei. Das Schlagzeug bedient noch nicht Helmut Grabow, sondern Franzl Klahn, eine weitere Gitarre Sammy Trunczik. Und dann geht's los.

Die Erinnerungen an die Songs, die an jenem Sonntag gespielt werden, verschwimmen. „Irgendwas von Status Quo … und vielleicht *Love Like A Man* von Ten Years After?" Präziser wird es nicht. Was daran liegen mag, dass sich ein Eklat umso intensiver einprägt. Er entwickelt sich langsam. Alle daddeln vor sich hin, auch Muckel. Er klimpert auf seiner schwarzen Gitarre, was alle nervt, nur Muckel nicht. Er spielt weiter und weiter. Irgendwann motzt Barny ihn an: „Muckel, hör auf!" Aber Muckel will nicht aufhören. Also versucht Barny, ihm die Gitarre wegzunehmen. Daraufhin passiert etwas Außergewöhnliches: Muckel, der Freundliche, der Harmonie-Bolzen, der Besänftiger, der es so gerne muckelig hat, haut seinem älteren Bruder so kräftig auf die Schnauze, dass dem die Lippe aufplatzt. Die Wunde muss im Krankenhaus genäht werden. Er erinnert sich: „Da bin ich so was wie erwachsen geworden." Die Botschaft ist klar: Komm mir nicht an meine Gitarre! Erstaunlich genug die Reaktion von Barny, als er aus dem Krankenhaus zurückkommt. Er stellt sich vor den Bruder und sagt: „Muckel, das war richtig so." Gut zu wissen, dass auch der nachgiebige Bruder seine Grenzen ziehen kann.

In den kommenden Wochen und Monaten schält sich die Besetzung heraus. Andreas merkt, dass er nicht gleichzeitig singen und Bass spielen kann. Er schwenkt um auf Keyboard, das ihn auf Platten so beeindruckt hat. Dafür kommt Uwe Zerbe dazu. Schlagzeug spielt Franzl Klahn. Er stammt, wie er es heute nennt, aus einer „gestandenen Trinker-Dynastie". Seinen Eltern gehört das Hotel *Sachsenross* in der Langen Straße mit der Kneipe darin. Wirklich spielen kann er nicht, aber er hat halt ein Schlagzeug, gekauft von dem Geld, das er zur Konfirmation bekommen hat. Erst ist vierzehn Jahre alt, nur 1,59 Meter groß und damit einer der Lütten. Aber die Erfahrung mit den trinkenden Vätern verbindet. Und wer bis vier zählen und diese Fähigkeit halbwegs aufs Instrument übertragen kann, ist willkommen.

Das sind also die ersten Meiselgeier:
Leadgitarre: Muckel Rathje
Rhythmusgitarre: Sammy Trunczik
Bass: Uwe Zerbe
Schlagzeug: Franzl Klahn
Percussion und Mundharmonika: Barny Rathje
Orgel: Andreas „Bärchen" Sauck

Auch Gerdchen hat seine Rolle gefunden: Er kümmert sich darum, dass alles läuft, es allen gut geht, er besorgt Getränke und lauscht

KAPITEL V

DEEP-PURPLE-SOUNDS AUS DER „FIESEN FARFISA"
Andreas Sauck mit 1a-Föhnfrisur am mühsam ersparten Instrument.
Die Finger sind noch auf der Suche nach den richtigen Tasten.

der Musik. Sogar einen Beauftragten für die Lightshow gibt es: Friedhelm Salge. Sein Mischpult besteht aus einer Leiste von Steckdosen, ungefähr einen Meter lang. Die Mechanik ist ebenso simpel wie effektiv. Stecker rein: Spot an. Stecker raus, anderer Stecker rein: Wechsel der Lichtstimmung. Hauptstecker ziehen: Show beendet. Auch wenn die Mittel noch very basic sind: Die Meiselgeier wissen einfach, was zu einer coolen Bühnenshow gehört.

Der findige Bastler unter ihnen ist Andreas. Er stammt aus Penkefitz direkt am Elbedeich, ist der Älteste der Band und hat bereits eine Lehre als Starkstromelektriker und die Zeit bei der Bundeswehr hinter sich. Mit einigem Kraftaufwand kann er sich in Lüneburg tatsächlich eine gebrauchte transportable Orgel kaufen: für gewaltige 1700 Mark! Eine Farfisa, unter Musikern seinerzeit wegen ihres hohen, durchdringenden Tons die ‚fiese Farfisa' genannt.

Was Andreas mit den anderen Meiselgeiern verbindet: Er kann weder Noten, noch hatte er je Unterricht auf seinem Instrument. Also muss er sich seine Parts von der Platte „raushören" und irgendwie auf die Tasten bringen. Das ist beim Keyboard schwieriger als bei der Gitarre, wegen der vielen schwarzen Tasten. Statt sich der Mühe zahlloser Übungsstunden mit Fingersätzen zu unterziehen, lässt der frischgebackene Keyboarder seinen Erfindergeist und sein Verständnis für Elektronik spielen. In ein kleines Holzkästchen baut er einen Regler, mit dem er die Spannung seiner Farfisa ansteuern kann. Dreht er sie hoch, werden die weißen Tasten, eigentlich auf C-Dur kalibriert, höher gestimmt: auf D, E, F. Dreht er sie herunter, auf H, A oder G. Egal, in welcher Tonart die Band also einen Song spielt – Andreas dreht einfach an einem Rädchen, in ein Holzkästchen montiert, und spielt

KAPITEL V

entspannt im vertrauten Fingersatz von C-Dur. Was allerdings auch nur funktioniert, weil die Rocksongs der Band, sagen wir: eher schlicht gestrickt sind.

Junior's Wailing von Steamhammer zum Beispiel, ein klassischer Shuffle-Blues mit drei Akkorden, in A-Dur, der zweitliebsten Tonart aller Rockgitarristen. Aber wer das Original heute hört, spürt sofort, was die gierigen jungen Musiker damals packte. Rau und ungeschliffen ist der Song, der Gitarren-Riff einfach, aber er treibt voran. Dazu der rauchig-bluesige Gesang, um den sich Harp schlängelt. „Das fand ich unheimlich stark!" erinnert sich Muckel. Er muss sich mit dem Solo abmühen. Und lacht: „Wie das klang? Rhythmisch eine Katastrophe, völlig ohne Timing – aber egal! Laut und geil! Wie in so einem Kral unter Eingeborenen. Man spielt sich in Ekstase. Und weil Andreas ein Fan von Deep Purple war, bekam das einen orchestralen Touch. Es fühlte sich großartig an!" Andreas singt auch, mit kräftiger, guter Stimme. Die Texte hat er sich, wie die Keyboards, „rausgehört" und komponiert aus seinem Volksschul-Englisch und den Lauten von der Platte seine eigene Version, eine Art lautmalerisches Englisch. Was für eine Erleichterung, als auf den Plattencovern irgendwann auch die Texte abgedruckt werden. Oder wenn ein besonders populärer Song in einschlägigen Heften für Musiker veröffentlicht wird. Der Nutzen bei einem Song wie *Oye Como Va*, den Muckel ergattern kann, ist freilich überschaubar: Der Text ist schnell erkannt – doch die Noten kann keiner lesen. Ebenso gut könnten es chinesische Schriftzeichen sein.

Aber auch wenn keiner der Meiselgeier des Notenschreibens mächtig ist (was klar ist, wenn man schon keine lesen kann), muss man ja trotzdem irgendwie festhalten, wie so ein Song abläuft. Bei *What's Going On* von Rory Gallagher, dem musikalischen Helden jener Jahre, sieht das so aus:

SCHEISELMEISEL, MEISELSCHEISS

>   Diddle IIII
>   Diddle IIII
>   Diddle IIII
>   Deididdle
>   d
>   A
>   Deididdle
>   D
>   A
>   Deididdle
>   Deididdle
>   Deididdle

Wie das dann klingt? Leider gibt es keine Aufnahmen.

Natürlich braucht eine Band auch einen Proberaum. Das wird schon bald der Raum der ehemaligen Heißmangel Harder im Haus, in dem die Rathjes wohnen. Die Miete beträgt sechzig Mark im Monat plus zehn Mark für Stromkosten. Herr Harder, der Vermieter, ist ein geschäftstüchtiger Mann. Immer samstags wird geprobt, und die Songs dröhnen über den Kirchplatz. Auf Beschwerden müssen die Jungs nicht lange warten, aber als Handwerker sorgen sie für Abhilfe. Eierpappen und Styroporplatten senken den Lärmpegel auf ein Maß, das von den Nachbarn gerade noch toleriert wird. Auch vom Superintendenten der Kirche, dem Himmelskomiker auf der anderen Seite des Platzes – zumindest vorerst.

Jeden Samstag Rockmusik am Kirchplatz – das verändert etwas. Die Rebellion der Jugend, der Schrei nach Freiheit, wie zaghaft auch immer, ist angekommen. Mitten im Städtchen. Die Sehnsucht nach einer neuen Zeit, in der einem nicht mehr die Luft abgeschnürt wird vom Korsett der Konventionen, von den Repres-

KAPITEL V

sionen der Honoratioren und verkappten Nazis, die alles im Keim ersticken wollen, was bunt und lebendig und kreativ und ungestüm ist – sie hat in Dannenberg einen Kristallisationspunkt bekommen. Und so ändert sich auch langsam das Image der Musiker. „Waren wir für die alten Säcke nur die langhaarigen Gammler, die Negermusik machten", erinnert sich Muckel, „bekamen wir von immer mehr Jugendlichen und jungen Erwachsenen Zuspruch. Sie zollten uns eine Art von Anerkennung, die wir nicht kannten. Die beruhte nicht mehr auf den Kriterien von Leistung, Wohlanständigkeit und dem, was der Mittelschicht wichtig war. Sie merkten, da wuchs etwas anderes heran. Und das gefiel ihnen sehr."

Was für eine Energie sich da Bahn bricht! Wie viel Power! Und wie sich die Geschichten ähneln. Carlos Santana wuchs in Armut auf. Eric Clapton kam als Sohn einer Sechzehnjährigen in der englischen Provinz zur Welt, der Vater, ein kanadischer Soldat, war längst wieder außer Landes. Die Eltern von Jimi Hendrix waren gewalttätige Alkoholiker. Ron Wood von den Stones stammt aus einer Sinti-Familie. Eric Burdon erblickte während des Krieges als Spross einer Bergarbeiterfamilie das Licht der Welt. Einem Interviewer erzählte er: „Als ich geboren wurde, habe ich den Blues herausgeschrien, laut genug, um während der Luftangriffe der Nazis gehört zu werden."

Sie alle fanden Anerkennung, schließlich Ruhm, weil sie gerade nicht nach den Regeln der Etablierten spielten, sich nicht mehr in feine Anzüge zwängten, den Seitenscheitel mit Brillantine festklebten, den Gitarrenverstärker VOX AC 30 auf Zimmerlautstärke einpegelten und dazu „Im Wald und auf der Ha-ei-de" knödelten. Oder das *Niedersachsenlied*: „Aus der Väter Blut und Wunden wächst der Söhne Heldenmut." Oder was immer für Lieder Clapton, Hendrix, Wood und Burdon hätten spielen müssen, um sich bei den Nachbarn, Verwandten oder Lehrern einzuschleimen.

Stattdessen machten sie ihr eigenes Leben zum Thema und faszinierten damit die Menschen ihrer Generation. „Keiner kann tiefen Schmerz, Kummer, Leid, Hass und Wut ergreifender und authentischer ausdrücken als Menschen, die selber Seelenqualen leiden", schreibt der Psychiater Borwin Bandelow, selbst Gitarrist, in seinem lesenswerten Buch Celebrities.

Dann empfinden wir sofort: Das ist hier keine Show, das ist echt! Erst recht, wenn wir es live erleben.

KAPITEL VI

> I ain't got no time for lovin'
> Cause my time is all used up
> Just to sit around creatin'
> All that groovy kind of stuff
>
> The Spencer Davis Group,
> *I'm A Man*

DAS ENDE DER PUBERTÄT

Anfang April 1976 veröffentlicht die *Elbe-Jeetzel-Zeitung* auf ihrer Leserbriefseite ein Schreiben, das bei der Leserschaft nur Rätselraten auslösen kann.

„Rock'n'Roll-Festival in Hitzacker
Im Kreise Lüchow-Dannenberg bestehen zwei Rockgruppen, die durch öffentliche Veranstaltungen bekannt geworden sind: die ‚Meiselgeier' aus Dannenberg und die ‚Chaos Hydraulik' aus Lüchow. Beide Gruppen traten auch schon gemeinsam auf, und die Bandmitglieder sind miteinander befreundet.
Leider können die 4 Lüchower Bandmitglieder nicht mehr so oft regelmäßig üben und auftreten, da sie aus beruflichen Gründen nur noch selten zusammenkommen können. Trotz dieser Umstände üben sie seit Monaten ihre eigene Komposition ‚What can I do' ein, um dieses Stück beim Nordland-Festival in Lüneburg aufzuführen. An diesem Wettbewerb nehmen auch die ‚Meiselgeier' teil. Leider mussten nun die Lüchower feststellen, daß am Sonnabend, dem 10. April, beim Rock'n'Roll-Festival in Hitzacker die ‚Meiselgeier' eine eigene Komposition unter dem Titel ‚Woman' vorführten, wovon der Mittelpart ‚What can I do' war. Daraufhin erfolgten ‚Buh'-Rufe und Pfiffe. Diese waren von einigen Lüchowern zu hören. Es sollte keine Störung der Veranstaltung sein, hingegen jedoch ein berechtigter Protest. Um die Freundschaft zwischen den beiden Rock-Gruppen im Kreise zu erhalten, soll diese Richtigstellung erfolgen. Trotz mehrmaliger Aufforderung

KAPITEL VI

zweier Bandmitglieder der ‚Chaos Hydraulik', dieses noch während der Veranstaltung in Hitzacker richtigzustellen, kam die Band ‚Meiselgeier' dieser Bitte leider nicht nach. Auch möchte die ‚Chaos-Hydraulik'-Band in Lüneburg nicht als ‚Musik-Geier' dastehen, falls die Dannenberger Band es vorhaben sollte, ‚What can I do' als ihr ‚Woman' vorzutragen."

Für Chaos Hydraulik zeichnet: „M. Müller, Bandmitglied".

Damit beginnt etwas, was heute *Beef* genannt wird und auf Facebook unmittelbar einen Shitstorm auslösen würde. Im Jahr 1976 druckt es die Leserbriefredaktion besagter *Elbe-Jeetzel-Zeitung*. Die Antwort von Meiselgeier lässt nur wenige Tage auf sich warten. Sie ist knapper und nicht so verschwurbelt. Barny hat sie verfasst. Sinngemäß schreibt er: Was soll der Scheiß? Lasst uns einfach reden. Mit solchen Leserbriefen machen wir uns beim Publikum doch lächerlich.

In der epischen Rivalität von Dannenberg und Lüchow hat Dannenberg mittlerweile deutlich die Nase vorn. Seit dem legendären Abend im *Lönshof* haben sich die Vorzeichen geändert. Schon der Versuch von Chaos Hydraulik, auf den spektakulären Erfolg eins draufzusetzen, scheitert. Die Band organisiert dort ein weiteres Konzert (ohne Meiselgeier, versteht sich) und geht baden. Es kommen kaum mehr Gäste, als Kellner auf sie warten. „Warum machen die das ohne uns?", fragen sich die Meiselgeier und schauen zum Stiebitzen vorbei. Und während, wie ihr Bassist Manni in rührender Offenheit bekundet, sich die Leute von Chaos Hydraulik ein Jahr später mühen, gemeinsame Probentermine für die Vorbereitung des großen Band-Battles in Lüneburg zu finden, eilen die Meiselgeier von Auftritt zu Auftritt.

Nach ersten Gigs im Gemeindekeller der Kirche von Dannenberg und bei einer Schülerparty im Gymnasium Dannenberg hat die Band einige Routine entwickelt. Vom mühsam Ersparten des Lehrgeldes werden Anlagen gekauft, die nicht mehr allzu sehr wie Blechdosen klingen. Und sie kommen herum: Lüneburg, Bleckede, Hannover, Osnabrück, Rotenburg. Beim Altstadtfest in Hannover rocken sie ein zum Bersten gefülltes Zelt, manchmal sind es Hunderte, mal mehrere Tausend Zuschauer. Mal sind es Kontakte von Barny über die Sozialistische Deutsche Arbeiterjugend, mal ist es die Kunde von dieser vielversprechenden jungen Band aus Dannenberg, die sich verbreitet hat.

Ein wildes Leben zwischen Lehre und Rock'n'Roll. In Hannover ist das Schlafquartier nach dem Gig so klein, dass einer in der Badewanne pennen muss (es soll in dieser Nacht sexuelle Handlungen mit einem weiblichen Fan gegeben haben; allerdings nicht in der Badewanne). Und bei einem Auftritt in der Treubundhalle von Lüneburg ist Barny auf einmal verschwunden. Nach einigem Suchen wird er selig schlummernd unter der Bühne gefunden. Der Legende nach hat er zwei farblose Getränke miteinander verwechselt: Mineralwasser und Ouzo. Und den Schnaps, so lecker süß und lakritzig, dann aber nicht mehr hergeben wollen. Worauf ihn der Alkohol und die Müdigkeit aufgrund von akutem Schlafmangel übermannten. Aber auch das ist Barny: Er wird unter der Bühne hervorgezogen (schlägt zum Glück nicht um sich), schüttelt sich kurz, macht einen kurzen Soundcheck seiner Congas – und ist voll da. Selbst die Rockertruppe, die kurz darauf eine Saalschlacht beginnt, bringt ihn nicht aus dem Groove. Von einer Hallenseite zur anderen fliegen die Klappstühle, aber nach dem Song herrscht wieder Ruhe im Saal.

Musiker müssen aber nicht nur auftreten, sie müssen sich auch inspirieren lassen. So pilgern Barny, Muckel und Helmut am 26. September 1975 nach Hamburg ins Kongresszentrum CCH. Zu Carlos Santana! Der Gitarrist ist auf dem ersten Höhepunkt seiner

KAPITEL VI

WILDES LEBEN ZWISCHEN LEHRE UND ROCK'N'ROLL
Zwischen 1974 und 1976 rockt Meiselgeier norddeutsche Bühnen.
Der Höhepunkt: ihr Auftritt beim Bandbattle in Lüneburg 1976.

Karriere. Aufgrund der riesigen Nachfrage werden für den 27. September gleich zwei Wiederholungskonzerte angesetzt. Und Barny, komplett überwältigt vom ersten Auftritt, organisiert sich mit der ihm eigenen Energie Karten für die beiden folgenden. Dreimal zwei Stunden Santana an zwei Tagen – intensiver geht's nicht. Noch heute schwärmt er. „Ich war beeindruckt, wie die Band mehr oder weniger dasselbe Programm spielte, und trotzdem war es jedes Mal anders. Die Soli waren immer andere, die Performance änderte sich. Die Trommler so zu erleben, war wirklich einzigartig. Das war echt irre und hat mich unglaublich inspiriert." Was Barny, Muckel und Helmut nicht ahnen können (und tatsächlich erst durch dieses Buch erfahren haben): Im selben Saal sitzt, ebenso überwältigt von der kreativen Wucht der Band, ein Junge von dreizehn Jahren, der sich in den Anfängen seiner Schlagzeuger-Karriere befindet. Er wird den Meiselgeiern dreiundvierzig Jahre später den Arsch retten.

Natürlich, das wissen wir spätestens seit dem Film *Blues Brothers*, braucht eine Band ein Bandmobil. Das ist Muckels Käfer. Gerdchen lackiert ihn: grün und beide Hauben rot. Den Rest des Lacks verwendet er für seine Schuhe. Die Zeit des Käfers läuft ab, als auf der Fahrt von Uelzen nach Dannenberg die Öllampe aufleuchtet. Angehalten, Ölstab raus: kein Öl mehr. Es gibt keine Telefonzelle in der Nähe, aber dafür eine umso absurdere Idee von Gerdchen: „Dann müssen wir da reinpinkeln. Vielleicht schmiert das." Als Maschinenbauer müsste Muckel wissen, dass Urin nicht die nötige Viskosität aufweist, um die Kolben vorm zerstörerischen Kontakt mit dem Zylinder zu schützen, aber sie versuchen es trotzdem. Ein paar Kilometer weiter steigt Qualm aus der Motorhaube. Kolbenfresser, der Motor ist im Eimer. Aber wie es das Schicksal will, gastieren am Wochenende darauf die Hell Drivers auf dem Schützenplatz von Dannenberg, eine Zirkustruppe, die mit toll-

KAPITEL VI

kühnen Auto-Stunts eine wilde Show abliefert. Sie nehmen den grün-roten Meiselgeier-Käfer als Sprungschanze. Was davon anschließend übrig ist, entsorgt die Truppe. Von jetzt an bringt Muckels neue Karre, ein rachitischer Ford Taunus 17m, die Band zu ihren Auftritten. Bei Regen braucht der Beifahrer Gummistiefel.

Dieser Ford steht am 2. April 1976 laut hupend vor dem Haus, in dem Volker Christ wohnt. Nach Uwe Zerbe, Hartwig Rudkowsky und Bernd Harms ist er der vierte Bassist der Band. Und er befindet sich an diesem Tag in einer Zwangslage. Unten wartet Muckel, damit sie gemeinsam zum Gig nach Osnabrück fahren. Oben haben bei seiner Frau Anne die Wehen eingesetzt. Sie steht kurz vor der Entbindung ihres ersten Kindes. Was für ein Loyalitätskonflikt! Aber die Entscheidung fällt schnell. „Ihr kriegt das schon hin", ruft Volker Frau und Schwiegermutter zu, greift sich den Bass und stürmt nach unten. Los geht's nach Osnabrück, eine Tour von dreihundert Kilometern. Auf der Fahrt verreckt die Lichtmaschine des Bandmobils, auf einer Tankstelle kauft Volker Rosen. An jeder Telefonzelle muss Muckel anhalten, wo Volker nach und nach seinen Vorrat an Groschen in den Apparaten versenkt, um im Krankenhaus anzurufen. Immer die Rosen in der Hand, die am Ende des Tages ein Bild des Jammers abgeben. In der Pause des Konzerts schließlich die erlösende Nachricht: „Ja, Herr Christ, Sie sind Vater geworden, Sie haben einen Sohn!" Jens. Andreas teilt die freudige Nachricht auf der Bühne dem Publikum mit und kippt Volker zur Feier des Tages eine Flasche Bier über den Kopf.

Es sind aufregende Wochen vor den Osterfeiertagen des Jahres 1976. Eine Woche nach Osnabrück der Auftritt im Kurmittelhaus in Hitzacker, zusammen mit „Seelenstein's Einsame Herzen's Klub Kapelle". Ein feiner Saal, eingerichtet für klassische Musik, mit Teppichboden drin und Polsterstühlen. Wer immer auf die Idee gekommen war, hier Rockbands vor rauchenden und saufenden Fans spielen zu lassen, bereut es hinterher. Wer nicht im Kurmittelhaus auftritt, sind die Musiker von Chaos Hydraulik. Die sitzen im Publikum und beschweren sich lauthals, als der Song *Woman* erklingt. Der Mittelteil sei doch von ihnen geklaut, schimpfen sie, pfeifen und buhen und fordern Wiedergutmachung. Als die ausbleibt, schreiben sie den wunderbaren Leserbrief, den wir schon kennen. Heute ist Andreas, Urheber von *Woman*, durchaus einsichtig. Ja, gesteht er, der Mittelteil seines Songs sei wohl tatsächlich von *What Can I Do* inspiriert gewesen – aber ohne böse Absicht! Er habe da gleichsam unbewusst geklaut. Die Aufregung von damals kommt ihm trotzdem ein bisschen, nun ja, albern vor. Inspirieren sich Rockbands nicht permanent gegenseitig?

Der Höhepunkt dieses wilden Frühjahrs aber kommt noch. Genauer gesagt am 19. April 1976, am Ostermontag. In der Nordlandhalle von Lüneburg findet ein Band-Battle statt, ein Wettbewerb mit zwanzig Bands. Veranstalter sind Ole Seelenmeier (der mit der Einsame-Herzen-Kapelle) und Uwe Hopp, Besitzer einer Musikalienhandlung in Lüneburg. Jede Band darf nur zwei Songs spielen, erlaubt sind ausschließlich Eigenkompositionen. 2500 Leute drängeln sich im Publikum vor einer großen Bühne – „eine unwirkliche Atmosphäre", erinnert sich Muckel. „Das war nicht real." Was die Meiselgeier schmerzt: Barny ist nicht dabei. Aufgrund einer rätselhaften Infektion ist er in Quarantäne und wird vertreten von Ulli Jacobs. Auch am Schlagzeug sitzt nicht mehr Helmut, sondern Jochen Winkler. Der Auftritt läuft gut. Das Publikum jubelt vor allem nach Andreas' Song *This Is The Land* (nein, *Woman* gehört nicht zum Programm). Und dann steht Barny auf einmal vor der Bühne: Er ist aus der Klinik abgehauen und nach Lüneburg getrampt. Wenigstens im Publikum will er dabei sein, wenn seine Band den Laden aufmischt.

KAPITEL VI

In der Publikumswertung belegt die Band den zweiten Platz, den dritten bei der Fachjury. Eine Gage gibt es nicht, aber eine umso wertvollere Belohnung: *This Is The Land* wird Teil des Samplers, den die Veranstalter danach zusammenstellen. Der eigene Song auf Vinyl! Auch wenn die Tonqualität „kein Ohrenschmaus" ist, wie ein Kritiker der *Elbe-Jeetzel-Zeitung* anmerkt, rangiert der Titel an dritter Stelle auf der A-Seite der LP! Muckel muss lachen, wenn er den Song heute hört: „Dieses Timing, diese Rhythmuswechsel – das klingt echt abenteuerlich. Aber ein interessanter Song, abwechslungsreich und orchestral. Wir kamen live immer gut rüber."

Der dritte Platz bei einem Battle von zwanzig Bands, die Veröffentlichung auf Platte: Sie sind die Höhepunkte der „Pubertät" von Meiselgeier. Doch wie in jedem anständigen Drama kommt jetzt der Absturz. Nahezu vier wilde, intensive Jahre liegen hinter ihnen. Es beginnt damit, dass die Band ihrer Heimat beraubt wird. Die späte Rache des Himmelskomikers. Mit seinen Beschwerden über die tiefen Töne von der anderen Seite des Kirchplatzes, die ihn nicht schlafen ließen, hat der Superintendent die Band bei den Vermietern madiggemacht. „An die Meiselgeiergruppe" ist der Brief adressiert, und dem „sehr geehrten Herrn Rathje" wird mitgeteilt, dass die Vermieter sich „wegen dauernder Nachbarschaftsklagen über unzumutbare Lärmbelästigung" leider gezwungen sähen, den Übungsraum zu kündigen. Frist: vier Wochen. Ende April 1976 sei der Raum bewohnbar und besenrein zu übergeben.

Es ist der Anfang vom vorläufigen Ende der Meiselgeier. Helmut Grabow ist schon vor dem Konzert in der Nordlandhalle ausgestiegen. Er hat das Angebot, gut bezahlte Tanzmusik zu machen, angenommen. Barny schäumt: „Ihr verkauft eure Seele, ihr prostituiert euch für Geld und spielt Mucke, die ihr eigentlich

DRITTER PLATZ BEIM NORDLAND-FESTIVAL
Und die größte Belohnung für eine Amateurband in jener Zeit – eine Veröffentlichung auf LP!

KAPITEL VI

gar nicht machen wollt. Für mich seid ihr keine Rock'n'Roller mehr!" Ein neuer Schlagzeuger wird nicht gefunden. Auch Andreas wütet gegen den Abtrünnigen. Um allerdings kurze Zeit danach mit Helmut in der Riverband genau jene Mucke zu machen, auf die er vorher geschimpft hat. Er stellt fest: macht ja doch Spaß. Und es bringt Geld.

Schließlich hat Barny genug. Als auch die Probleme mit seiner Gitti eskalieren, flüchtet er nach Hamburg und holt wenig später den Bruder und Helmut nach. Sie gründen eine WG im feinen Hamburger Stadtteil Groß Flottbek. Zurück bleiben Gerdchen und Volker. Der eine engagiert sich schon bald im Kampf gegen das Atommüll-Endlager in Gorleben, der andere bläst Trübsal. „Nach der Auflösung war mir klar", erzählt Volker – und sein damaliger Schmerz ist noch heute spürbar: „Meiselgeier wird's nie wieder geben, nie wieder. Umso intensiver habe ich meinen Kindern davon erzählt. Bis die maulten: ‚Nun hör endlich auf damit, Papa.'"

Aber Volker hört nicht auf. Wie könnte er!

KAPITEL VII

> I've been waiting so long
> I've been waiting so long
> I've been waiting so long
> To be where I'm going
>
> Cream, *Sunshine Of Your Love*

DER ULTRA

Der 28. Juli 1968 hat sich Volker Christ ins Gedächtnis eingebrannt. Es ist sein Geburtstag, er wird dreizehn Jahre alt, und das Geschenk, das er auspacken darf, ist groß. Eine Gitarre! Seine Mutter schenkt sie ihm. Volker kann sein Glück kaum fassen. Eine Gitarre! Eine Wandergitarre von Framus! Mit Stahlsaiten! Auf einmal hat das Leben einen Sinn.

Dass er bei Omi Käthe aufwächst, ist ein Segen für den zarten Jungen mit den störrischen roten Haaren. Nach der Scheidung der Eltern sind die vier Kinder aufgeteilt worden. Volker, der Älteste, soll eigentlich zum Vater. Der aber lehnt den Sohn ab: „Volker will ich nicht". Die Loyalität des Jungen gegenüber der Mutter macht ihn wütend. Und so wird Volker zur Oma nach Penkefitz geschickt.

Penkefitz am Elbedeich, nur wenige Kilometer von Dannenberg entfernt, hundertachtzig Einwohner, die meisten davon Bauern, eine Welt noch ganz in Schwarzweiß. Nach dem Krieg ist Käthe hierher ausquartiert worden und hat es zuerst sehr schwer. Aber sie kann tapezieren und ist sehr geschickt. Trotzdem ist es ein anstrengendes Leben. Auf den Knien erntet sie Kartoffeln, sticht Spargel, hackt Rüben, um die Rente von dreihundert Mark aufzubessern. Dass man darüber aber weder verbittert noch wehleidig werden muss, dafür ist Oma Käthe ein wunderbares Beispiel. Sie ist liebevoll, fürsorglich, tatkräftig, tolerant. Die

KAPITEL VII

Kinder dürfen bei ihr den *Beat Club* im Fernsehen gucken, und sie hört mit ihnen Jimi Hendrix.

Bis 1970 geht Volker in Penkefitz zur Schule. Neun Klassen werden hier unterrichtet, je eine Klasse in einer Reihe. In der ersten Reihe wird den ABC-Schützen das Schreiben beigebracht, zwei Reihen dahinter haben die Drittklässler Mathe, und in der sechsten wird ein Aufsatz verfasst. Der Lehrer trägt Knickerbocker und nimmt als pädagogische Unterstützung den Rohrstock zur Hilfe. Als die Schule aufgelöst wird, muss Volker nach Dannenberg. Auch hier ist die Welt klar und übersichtlich: Die Dannenberger sind in der Klasse 9a, die Dörfler in der Klasse 9b. Dass sie die Dödel vom Dorf sind, lässt man sie deutlich spüren.

Die Auflösung der Schule hat aber auch ihr Gutes: Omi und Volker ziehen in das Gebäude ein. Und weil der ehemalige Klassenraum leer steht, können der junge Gitarrist und Andreas Sauck, ebenfalls ein Penkefitzer, dort Musik machen. Andreas hat auch eine Gitarre und zeigt ihm die Akkorde D und G – ein Anfang. Aus Omo-Trommeln und Topfdeckeln basteln sie ein Schlagzeug. Auf dem Dachboden über dem alten Schulraum steht ein Webstuhl, daneben liegen Hanffasern. Die flechten die Jungs, kleben sie auf Papier und setzen sie sich auf den Kopf. Als blonde Perücke. Weil man als Rockstar, der etwas auf sich hält, ja lange Haare haben muss. Und dann spielen sie *Yummy Yummy Yummy, Over In The Glory Land* und *Hanky Panky*.

Die Perücken reichen für das stilechte Outfit allerdings nicht ganz aus. Im *Beat Club* hat Volker gesehen, dass die Gitarren der Stars Knöpfe haben (na ja, es sind eben E-Gitarren), seine Wandergitarre aber nicht. Also nimmt er die Drehverschlüsse von zwei Senftuben und klebt sie mit Uhu auf die Gitarre. Leider löst Uhu den Lack an, was wiederum nicht gut aussieht. Aber dann sieht Volker im Fern-

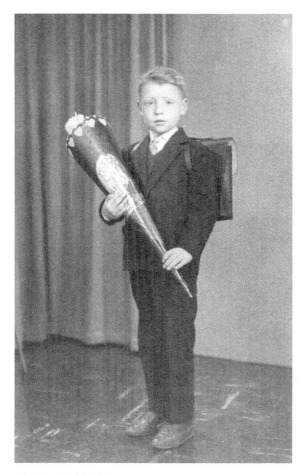

SO EIN BRAVER JUNGE!
Wenn nur die borstigen roten Haare nicht den wahren
Charakter verraten würden.

KAPITEL VII

LAUSCHIGER NACHMITTAG HINTERM ELBDEICH
Gemeinsam mit Andreas Sauck, dem Musikkumpel, und der hübschen Margret. Aber damit keine Missverständnisse aufkommen: Das hier hatte rein gar nichts mit der im Prolog beschriebenen Szene zu tun …

sehen, dass Alvin Lee von Ten Years After seine Gitarre mit einem Peace-Zeichen geschmückt hat – perfekt, um den Schandfleck des Lackfraßes zu verdecken.

Aber wie soll man mit einer Wandergitarre zum Rockstar werden, selbst mit einer aufgebrezelten? Eine E-Gitarre muss her. Achtzig Mark kostet ein abgeranzter Nachbau. Omi, inzwischen mit dem Geist der Zeit vertraut und handwerklich sehr begabt, schlägt optische Verbesserungen vor: „Sohni, ich hab hier noch roten Samt, damit bezieh ich die Gitarre." Der Stoff wird mit Möbelnägeln auf den Korpus genietet. Dazu die Perücken und das Schlagzeug, als Verstärker ein Röhrenradio – ein Anfang ist gemacht. Omi spendiert das Geld für braune Stiefel mit Lederfransen dran. Die Cordhose – natürlich hauteng – näht sie selbst. Von einem Onkel aus München, der manchmal ein Paket schickt, gibt es nicht nur Kaffee, sondern auch Hemden aus der Leopoldstraße, mit Stickereien drauf und sechs Knöpfen an den Manschetten. Und eine Digitaluhr! Aus München! Damit ist er der Erste im Dorf! Heute resümiert Volker: „Ich war fünfzehn, rothaarig, hatte Sommersprossen und kein Bonanza-Rad – so wurde man nichts bei den Mädchen. Aber: Ich konnte Gitarre spielen! Na ja, und die anderen haben dazu geknutscht."

Als das Schulgebäude in Penkefitz verkauft wird, ziehen Oma und Volker in die Dannenberger Bronx, in eine winzige Wohnung unterm Dach neben der Kirche. Mit Muckel sitzt er dort oben, wo Omi mit Ernte 23 die Bude vollquarzt, und bringt ihm das G auf der Gitarre bei. Zusammen fahren sie auch nach Hamburg! Staunen über Schwarze und sind verstört von der Drogenszene am Hauptbahnhof. In einem Souterrain-Laden in der Langen Reihe kaufen sie eine Doppel-LP von Ten Years After und retten sie in den Zug nach Dannenberg.

KAPITEL VII

Nach der Schule will Volker eigentlich Schiffskoch werden. Oder Instrumentenbauer. Stattdessen geht der Sechzehnjährige zur Post – weil man da eine Pension bekommt, sagt Omi. Doch kurz nach dem Beginn der Lehre schlägt das Schicksal grausam zu. Gefasst erzählt er heute davon: „Es war ein Freitag, und meine Mutter holte mich vom Bahnhof ab. Wir sind immer gemeinsam Pilze sammeln gegangen. Sie fuhr einen alten Opel Kapitän, und wir fuhren mit ihrem neuen Mann, der kleinen Tochter der beiden, also meiner Halbschwester, und meinem Bruder in den Wald. Es zog ein Unwetter auf, wir retteten uns ins Auto, und meine Mutter fuhr Richtung Dannenberg. Dann brach ein Sturzregen herunter, und das Auto geriet auf der Straße ins Schlingern. Es rammte einen Pfeiler und wurde dadurch mit voller Wucht gegen eine Birke gelenkt. Meine Mutter starb noch an der Unfallstelle, meine kleine Schwester mit schwersten Kopfverletzungen drei Tage später. Der Mann meiner Mutter erlitt schwere Kopfverletzungen, überlebte aber. Mein Bruder wurde aus dem Fenster geschleudert und war nur leicht verletzt. Und ich hatte geradezu ein unglaubliches Glück. Ich hatte einen wunderschönen weißen Kunstledermantel an, den erinnere ich wie heute, das Portemonnaie in der linken Brusttasche. Das Rohrgestell vom Fahrersitz brach ab und bohrte sich direkt in meine Herzgegend. Das Portemonnaie verhinderte, dass es eindrang – weil darin ein Fünfmarkstück war. Das wurde beim Aufprall verbogen. Ich habe es viele Jahre aufbewahrt."

Nach der Lehre bei der Post geht Volker statt zur Bundeswehr zum Bundesgrenzschutz. Und wird nun endlich, nach Jahren inniger Freundschaft mit Muckel, ein Meiselgeier. Ja, er liebt es eigentlich, Hannes-Wader-Lieder auf der Gitarre zu klampfen und textsicher zu singen, aber ein Gitarrist wird in der Band nun mal nicht gebraucht – den gibt es eben schon: seinen Lieblings-Kumpel

Muckel. Also fragen ihn Andreas und Muckel, als der dritte Bassist bei Meiselgeier ausgestiegen ist:

„Volker, willst du nicht Bass spielen?"

„Aber ich bin ja Gitarrist, ich kann das gar nicht."

„Los, komm! Das kriegst du hin!"

Omi finanziert den Bass, einen kleinen, weißen für fünfundsiebzig Mark, den er in einem Laden für An- und Verkauf in Lüneburg entdeckt. Seine Erinnerung an das Instrument: „Da kamen Töne raus, das musste reichen."

Und es reicht, wie der Bassist wider Willen bald darauf feststellt. Als zwei junge, ausgesprochen hübsche Mädchen mit dem Fahrrad an ihm vorbeifahren, sagt die eine bewundernd zur anderen: „Guck mal, das ist ein Meiselgeier!" Was für ein herrliches Gefühl für den rothaarigen Jungen vom Dorf!

Der Posten beim Bundesgrenzschutz in Lüneburg garantiert ein gutes Einkommen, bringt aber auch Einschränkungen mit sich. Wochenend-Dienste zum Beispiel. Ausgerechnet beim großen Band-Battle in der Nordlandhalle ist Grenzjäger Christ zum Dienst eingeteilt. Um das Konzert mitspielen zu können, meldet er sich krank. Am nächsten Tag prangt auf der Titelseite der *Lüneburger Zeitung* ein großes Foto vom Konzert. Leider hat der Fotograf genau in dem Moment auf den Auslöser gedrückt, als der neue Bassist der Meiselgeier über einen großen Kabelbaum auf der Bühne stolpert.

Der Appell am Tag danach verläuft unerfreulich. Als die Hundertschaft auf dem Kasernenhof angetreten ist, brüllt der Spieß: „Grenzjäger Christ, zwei Schritt vortreten! Ab zum Hauptmann!" Es gibt kräftig was zwischen die Hörner, aber keine Strafen. Dass ein Kamerad (Bassist) seine Truppe (Band) bei einer Schlacht (Auftritt) nicht im Stich lassen kann, findet der Hauptmann offen-

KAPITEL VII

bar irgendwie verständlich. Immerhin wurde der Untergebene nicht auf einer Baustelle beim Tapezieren erwischt.

Volker gilt ohnehin als schräger Vogel. Auf der Innenseite seiner Dienstmütze klebt der „Atomkraft? Nein Danke!"-Aufkleber, der im Landkreis gerade Karriere macht. Das gefällt den Oberen auch nicht. Genauso wenig, dass Volker es ablehnt, in Dannenberg Demonstranten gegenüberzutreten, weil seine Geschwister sich aktiv im Widerstand engagieren. Er erinnert sich: „Ich musste dann bei den Protesten immer das Essen ins Wendland fahren, was ja okay war. Und wenn ich dann mit dem Bulli oder dem Jeep durch die Demonstranten fuhr, habe ich meine Dienstmütze gezogen und die Innenseite gegen das Fenster gehalten, um zu zeigen: „Ich bin einer von euch!"

Nur einer von den Meiselgeiern ist er nach der Trennung im Mai 1976 nicht mehr. Ein Schmerz, für den es keine Linderung gibt. Volker klimpert auf seiner Gitarre, kauft sich sogar eine Zwölfsaitige, spielt Hannes Wader und Ulrich Roski, hört Ten Years After, Santana und Rory Gallagher. Als er sich seinen ersten Videorecorder kauft, besorgt er sich die *Woodstock*-Kassette und spielt sie Hunderte Male, bis auf dem Bildschirm nur noch Schlieren erscheinen. Spielt wieder und wieder die alten Songs: zehnminütige Soli von Alvin Lee. Nur Jens, seinen Ältesten, kann er damit begeistern. Immer wieder erzählt er von der glücklichen Zeit der Band, bis alle genervt sind. „Papa, nicht schon wieder ..." Die erste Ehe wird 1983 geschieden.

Nach acht Jahren beim Bundesgrenzschutz fährt Volker eine Weile für das Busunternehmen seines Vaters. „Ernst Christ" nennt er ihn, nicht Papa oder Vater. Sein Erzeuger ist ein zweifelhafter Charakter, die Distanz, die sein Sohn zu ihm hält, jederzeit spürbar. Am liebsten fährt Volker die Schulbus-Runde, um den Kindern Döntjes erzählen zu können. Umso mehr hasst er die Fahrten nach Spanien oder in die Türkei, bei denen er den Gästen Kaffee, Würstchen und Schnaps verkaufen muss. Die Würstchen sind von Aldi, das Glas mit sechs Knackern kostet 99 Pfennig – der Preis im Bus aber beträgt zwei Mark pro Stück. „Das kann ich doch nicht machen!" empört er sich, um von Ernst Christ zu hören: „Wieso das denn nicht?" Der Vater füllt auch billigen Fusel in Fläschchen von Berentzen, um ihn für ein Vielfaches verkaufen zu können. Und Volker schämt sich. Eineinhalb Jahre später reicht es ihm. Nach einer Zwischenstation als LKW-Fahrer landet er beim Reifenhersteller Continental in Dannenberg.

Und Meiselgeier? Bis ins Jahr 1995 dauert die dunkle Zeit der Trennung. Muckel, der geliebte Freund, scheint auf immer verloren. Dann ruft Helmut an. Er hat ein Treffen der Abschlussklasse des Jahres 1971 der Volksschule Dannenberg organisiert. Zuerst will Volker nicht. „Da trifft sich die 9a, nicht die 9b. Und wir vom Land gingen ja in die 9b." Aber als Helmut sagt: „Muckel kommt auch!", ändert er seine Meinung.

Das Treffen findet im Schützenhaus statt, hundert Meter von seiner Wohnung entfernt. Volker ist einer der ersten, wie immer. „Und dann saß ich da – und auf einmal kam Muckel rein. Mann, das war so schön!"

KAPITEL VIII

> Get your motor runnin'
> Head out on the highway
> Looking for adventure
> In whatever comes our way
>
> Steppenwolf, *Born To Be Wild*

AUFBRUCH IN DIE FREMDE

Aufbruch: Das ist die tiefe Botschaft des Rock'n'Roll. Grenzen überwinden. Konventionen brechen. Freiheit erkämpfen. Und kein Film lässt uns die brennende Sehnsucht einer Generation intensiver erleben als *Easy Rider*. Wirf den Motor an und fahr einfach los – was immer du erleben wirst. Da warten Abenteuer. Sie müssen nicht gut ausgehen, aber wenn du es nicht versuchst, wenn du zu Hause versauerst, bereust du es für immer.

Das spürt Barny. Es ist ein Sommertag des Jahres 1976, als Gitti, seine Freundin und Mutter des gemeinsamen Sohnes Sascha, ihm verkündet, dass sie einen Neuen hat. Am selben Tag kündigt er seine Arbeit, räumt das Bankkonto, packt sein Täschchen und kauft sich ein Bahnticket nach Hamburg. Nichts hält ihn mehr in der Enge von Dannenberg. Die Beziehung: zerrüttet. Der Job: öde. Die Band: aufgelöst. Also nichts wie weg.

Am Abend ist er in der großen Stadt. Ohne Job, ohne Wohnung, ohne Freunde. Auf den Tipp einer Bekannten hin übernachtet er in der völlig verwahrlosten Wohnung eines Junkies auf dem Wohnzimmerteppich. Viel Schlaf findet er nicht, der Müll um ihn herum wirkt irgendwie lebendig. Am nächsten Morgen kauft er sich das *Hamburger Abendblatt* und entdeckt im Immobilienteil eine Anzeige: „renovierungsbedürftige Wohnung zu vermieten". Renovieren kann er, die Lehre als Maler hat Barny nach nur eineinhalb

KAPITEL VIII

Jahren Lehrzeit abgeschlossen (eigentlich wollte er ja auf keinen Fall Maler werden wie sein Vater, aber der Lehrbetrieb war der einzige, der Langhaarige einstellte). Er weiß: Wenn man beharrlich ist, etwas vorweisen kann und forsch auftritt, dann kann man etwas bewegen! Und dieses Selbstbewusstsein trägt ihn durch das Telefonat mit einem furztrockenen Hamburger Kaufmann, der den schönen Kaufmannsnamen Bohnsack trägt. Dieser fragt den jungen Mann am anderen Ende der Leitung nach allen Regeln der Kunst aus, und der junge Mann antwortet freimütig. Bis hin zu den Umständen seiner plötzlichen Abreise aus Dannenberg. Erstaunlich genug, aber am Ende des Gesprächs verabreden sie einen Ortstermin.

Die Wohnung ist eindrucksvoll. Schon die Lage: eine Villa in den vornehmen Hamburger Elbvororten. Die Größe: hundert Quadratmeter. Die Ausstattung: in der Küche feine Einbaumöbel. Was fehlt: der Fußboden und die Tapeten. Reichlich Arbeit also für einen fleißigen Handwerker. Und Herr Bohnsack erkennt offenbar in dem jungen Mann mit den sehr langen Haaren, den er in aller Form mit „Herr Rathje" anspricht, dessen Fleiß, Energie und Verlässlichkeit. Der Deal: Der Vermieter stellt das Material, Barny baut die Wohnung aus und weist die Arbeitsstunden nach. So kann er sich die Kaution von satten 2400 Mark und die ersten Mieten von 800 Mark verdienen. Und Herr Bohnsack zeigt Herz: Abends kommt er noch einmal vorbei und bringt dem neuen Mieter ein Klappbett, eine Schaumstoffmatratze, eine Decke, ein Kissen. Und einen Wecker.

Was für eine Woche: der Laufpass von Gitti, die Flucht aus Dannenberg, die Nacht in einer Junkie-Höhle und jetzt die Großbürgerwohnung im feinen Hamburger Westen. Der Arbeitsvertrag bei einem renommierten Hamburger Event-Ausrüster, zu Fuß von

AUFBRUCH IN DIE FREMDE

JAMMEN IM VILLENVIERTEL
Auch Muckel findet sich ein im feinen Hamburger Westen. Hier ist reichlich Platz, um Musik zu machen. Bei Zimmerlautstärke, versteht sich.

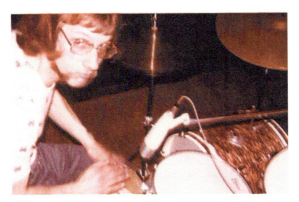

ROCK'N'ROLL – EINE ERNSTHAFTE SACHE
Helmut Grabow ist wie immer mit Engagement dabei. Bis es ihn aus den Puschen haut.

KAPITEL VIII

der neuen Wohnung erreichbar, ist nur der Sahneklecks obendrauf.

Was fehlt: die Freunde. Die Familie. Die Meiselgeier. Ist die Wohnung nicht ohnehin viel zu groß für einen, vor allem: viel zu teuer? Und möchten nicht vielleicht auch andere Dannenberger mal den Duft der großen weiten Welt schnuppern? Barny lockt Muckel und Helmut nach Hamburg. Gemeinsam gründen sie eine WG. Aber was der Beginn einer musikalischen Karriere im Hamburg der 70er sein könnte, zwischen Abi Wallenstein, Udo Lindenberg und Lonzo, dem Teufelsgeiger, ist schnell wieder vorbei. Gitti trennt sich nach kurzer Zeit von ihrem Neuen, und Barny fühlt die Verantwortung für seinen Sohn. Sosehr er seine Eigenständigkeit auch liebt, so sozial und verantwortungsbewusst ist er auch. Nach wenigen Monaten ist er wieder in Dannenberg, absolviert die Meisterschule und gründet einige Jahre später seinen eigenen Betrieb. „Das ist eigentlich eine total ironische Geschichte", sinniert der alte Freund Franzl Klahn, „dass aus diesem Rebellen ein grundsolider Handwerker geworden ist."

Auch Helmut hält es nicht lange in der Fremde. Aus anderen Gründen. Als gelernter Elektriker wohnt und arbeitet er in Hamburg. Tanzmucke aber macht er im heimischen Landkreis. Wenn andere sich am Wochenende ausruhen oder feiern, spielt er auf Schützen- und Dorffesten, Hochzeiten und Jubiläen. Sechzig Stücke werden pro Abend gebraucht, jedes von Platte rausgehört und geprobt. Ein zehrendes, ein ungesundes Leben. Für eine Hochzeit packt er ab 12 Uhr seine Sachen zusammen, fährt dorthin, spielt von 15 bis 18 Uhr Tischmusik, macht eine kurze Essenspause und legt ab 19.30 Uhr mit Musik für die Party wieder los. Wenn gute Stimmung ist – und natürlich soll gute Stimmung sein! –, geht das so bis halb 4 oder 4 Uhr in der Früh. „Dann packst du ein und bist morgens um 7 oder 8 wieder zu Hause", erzählt er, die Erschöpfung noch in der Stimme. Eine Schicht von zwanzig Stunden geht zu Ende. Und das, wenn es für den Tanzmucker gut läuft, jedes Wochenende.

Die Doppelbelastung von Handwerk und Musik macht den Schlagzeuger fertig. Nach einiger Zeit bricht Helmut zusammen, erkrankt schwer und muss für mehrere Monate ins Krankenhaus. Das Kapitel Hamburg ist vorerst beendet, er zieht wieder nach Hause. Bei einem weiteren Intermezzo in Hamburg spielt er in Jazzrock-Bands und tritt sogar im legendären *Onkel Pö* auf. Aber dann geht's erneut zurück nach Dannenberg, abermals ins Reihenhaus der Mutter. Dort wohnt er bis heute. Den Elektrikerberuf hängt Helmut 1991 an den Nagel und ist fortan Berufsmusiker. Mehrere Tausend Auftritte kommen über die Jahrzehnte zusammen, aus mehreren Hundert Stücken besteht sein Repertoire. Wenn er alte Fotos durchblättert, auf Musiker zeigt, mit denen er einst gespielt hat, kommt bei jedem dritten der Nachsatz. „Der is' auch schon doot." Wer sich für den Buena Vista Social Club qualifizieren will, muss sich anders um seine Gesundheit kümmern, als die Bandkollegen das getan haben.

Und Muckel? Er bekommt in Hamburg eine Stelle als Maschinenbauer. Gleichzeitig macht er auf dem zweiten Bildungsweg sein Fachabitur nach und beginnt danach ein Maschinenbau-Studium. Schnell merkt er, dass er darin keine Erfüllung findet, und bricht ab. Da hat er schon Gisela kennengelernt, seine Frau bis heute. Ihr Vater arbeitet beim Bezirksamt in Altona. Nicht in irgendeiner Funktion: Er leitet als Marktmeister den Hamburger Fischmarkt. Als er merkt, dass der zukünftige Schwiegersohn immer knapp bei Kasse ist, sagt er irgendwann: „Uwe, du bist doch der Typ für 'n Fischmarkt. Bananen-Harry hört demnächst auf, du kriegst seinen

KAPITEL VIII

Platz von mir." Die Rente für jeden Marktbeschicker. Und als Bananen-Harry, schwerer Alkoholiker, den Platz freigibt, steigt Muckel ein. Mit Freddy und Frieda, zwei Handpuppen. Sich ab vier Uhr früh ins Getümmel der Touris und gestrandeten Reeperbahn-Schwärmer schmeißen und ihnen Handpuppen andrehen. Oder Scheibenwischerbrillen. Muckel grinst sein Muckel-Grinsen, wenn er davon erzählt. „Na ja, jede Mutti – okay, heute auch der Papi – braucht in der Küche eine Scheibenwischerbrille, wenn die Tomatensuppe überkocht. Is' doch klar!"

Wie bescheuert ist das denn?! Aber es funktioniert. Nach ein paar Jahren mit Hökern von Spielzeug und Trendsachen hat er ein kleines Fischmarkt-Imperium aufgebaut: zehn Stände. Sein Verkäufer Rüdiger, im Hauptberuf Polizist, tut sich mit einer speziellen Verkaufsmethode hervor: Er stellt sich mitten in den Strom der Passanten, schreit „Halt!" und dirigiert die Leute an den Stand. Sogar Aale-Dieter bringt er mit seinem Gebrüll zum Schweigen. Und am Stand wartet Muckel auf die Leute und flüstert ihnen zu: „Kauft jetzt lieber die Brille, bevor Rüdiger wieder brüllt." Die meisten tun es.

Voller Zufriedenheit blickt Muckel auf diese Zeit zurück: „Auf dem Fischmarkt habe ich unglaublich viel gelernt. So richtig blöde sein, Leute beim Klauen erwischen, mit Besoffenen umgehen, mit Rocker-Typen, mit allen. Das war meine wahre Lehre fürs Leben. Ich habe einige Jahre später für einen Freund Management-Training gemacht und die Trainees mit auf den Markt genommen, damit die überhaupt mal im Leben ankommen! Damit sie echte Präsenz entwickeln und Leute ansprechen können. Leute duzen, schreien. Aus dem engen, spießigen Korsett ihrer Erziehung ausbrechen. Denen habe ich die Scheibenwischerbrille aufgesetzt, Freddy und Frieda in die Hand gedrückt – und ab ins Getümmel mit ihnen! Der Effekt war echt unglaublich. Das hat denen so viel gebracht, so viel innere Freiheit und eine komplett andere Präsenz im Auftreten."

Als er zufällig von seinem wichtigsten Lieferanten eine Charge Plastikhüte bekommt, verkauft er fünfzig Stück an einem Vormittag: eine Mark im Einkauf, fünf Mark im Verkauf, ein gutes Geschäft. Und eine Inspiration. Weil gleichzeitig Mützen gut laufen. Der erfahrene Höker merkt: „Du brauchst etwas, was das ganze Jahr über verkauft werden kann, nicht ohne Weiteres von anderen angeboten wird und zugleich Esprit hat. Das einfach interessant ist. Das sind Hüte. Da habe ich mich richtig reingeschafft." So wird aus dem Maschinenbauer und Scheibenwischerbrillen-Marktschreier Muckel ein Huthändler.

Ein Musiker bleibt er. Getreu der Eingebung im Angesicht der Gitarre von Schwager Heinz-Dieter: „Wenn ich so eine erst mal habe, wird mir nie mehr langweilig sein." Er macht also Musik, zum Teil mit richtig guten Leuten, schult sich an Santana und Clapton. Als es Probleme gibt, geschäftlich und in der Band, erreicht ihn die Nachricht aus der Heimat: Helmut hat ein Treffen der Abschlussklasse der 9a der Volksschule Dannenberg organisiert.

„Und da bin ich hin."

KAPITEL IX

**We don't need no letter at all
We've got a thing that's called radar love**

Golden Earring, *Radar Love*

WILLKOMMEN ZU HAUSE!

In der Gemeinschaft von Freunden erscheinen Probleme kleiner. Berge wirken flacher. Das ist in Experimenten nachgewiesen. Menschen schätzen die Steigung eines Hügels geringer ein, wenn ein Freund neben ihnen steht. Und je länger sie ihn kennen, desto stärker ist dieser Effekt. Oft reicht sogar der Gedanke an den Gefährten, damit der Berg schrumpft. Wenn wir auf Freunde zählen können, schätzen wir ein Problem als weniger bedrohlich ein. Dieser Effekt ist sehr konkret, haben Psychologen ermittelt. An Tagen, an denen Menschen ihre Freunde treffen, haben sie ein höheres Selbstwertgefühl. Und dabei müssen sie noch nicht einmal geile, laute Rockmusik miteinander gemacht haben. Wie gemeinsame Rockmusik diesen Effekt aber boostet: Dafür ist Volker Christ im Sommer 1995 das geeignete Studienobjekt.

Es ist ein Samstagabend im Juni, als Volker zu vorgerückter Stunde mit leichter Schlagseite nach Hause kommt. Er schleicht ins Zimmer seines mittlerweile neunzehnjährigen Sohnes Jens und rüttelt ihn aus dem Schlaf. Der Junge ist noch nicht ganz wach, da sprudelt es schon aus dem Vater heraus: „Es wird Meiselgeier wieder geben! Meiselgeier! Jetzt wirst du alles erleben, was ich dir erzählt habe, die Charaktere der Leute, wie sie spielen – alles!" Das emotionale Ende eines denkwürdigen Tages. (Die Antwort von Jens

KAPITEL IX

ist übrigens nicht überliefert, wir vermuten ein gemurmeltes: „Schön, Papa. Kann ich jetzt wieder schlafen?")

Ein paar Stunden zuvor: Volker steht am Tresen des Schützenhauses von Dannenberg, ein nüchterner Bau aus den 50ern. Nach und nach trudeln die ehemaligen Schüler der Volksschule ein, manche vom Leben kräftig verändert, andere, als hätten zwischen Schulabschluss und Treffen heute nur die Sommerferien gelegen. Wie's eben so ist auf einem Klassentreffen. Dann schreitet Muckel in den Raum. In Schale hat er sich geworfen, trägt eine Kombination aus Hose, Hemd und Sakko, die ihm, wie er nicht ohne Stolz berichtet, eine Farbberaterin empfohlen hat. Volkers und Helmuts Irritation über den eigentümlichen Auftritt des alten Kumpels währt nur kurz. Man schwatzt, schaut sich mit dem ehemaligen Lehrer noch die alten Klassenräume an und hockt anschließend am Tresen des Schützenhauses. Jetzt gibt es nur noch ein Thema: Meiselgeier.

Schon nach kurzer Zeit fragt Muckel: „Wollen wir die Band nicht wieder aufleben lassen?" Als ihm die Reaktion von Volker und Helmut nicht euphorisch genug vorkommt, wird aus Muckel, dem Kumpel, kurzerhand Uwe, der Geschäftsmann. Der verkündet: „Passt auf, wir machen das so: Wir treffen uns nächsten Mittwoch." Nicht nächsten Monat oder so, sondern: nächste Woche Mittwoch. In vier Tagen. „Helmut, du rufst Andreas an. Ich sage Barny Bescheid. Helmut, können wir bei euch im Probenraum spielen? Und wer meldet sich bei Gerdchen?" Hier weiß jemand, wie man Zug in eine Sache bringt.

„Das war besonders", erzählt Muckel heute. Er atmet hörbar aus. „Ein Andocken an die alten Zeiten, all die Verbundenheit der Kindheit und Jugend. Das war auch ein Gefühl von Nachhausekommen, von Heimat. Weil das gute Menschen sind, die haben Herz und Anstand und Loyalität – das hatte ich sehr vermisst."

Was er sich für den Abend ebenfalls vorgenommen hat: Irmgard endlich zu gestehen, dass er damals unsterblich in sie verliebt war. „Sie wusste gar nicht, wo sie hingucken sollte, und wurde knallrot. Süß!"

Die Reunion von Meiselgeier hat schon in der Luft gelegen. Ein paar Wochen vor dem denkwürdigen Abend ist Helmut Andreas begegnet und hat ihn angefrotzelt: „Mensch, mit Meiselgeier könnte man auch mal wieder spielen." Der brummelt nur, wie es seine Art ist. Aber als ihn der Schlagzeuger am Tag nach dem Klassentreffen anruft und aufgeregt von der Probe erzählt, die unmittelbar bevorsteht, ist auch Andreas dabei. Das Problem: Nach fast zwanzig Jahren als Bassist in Tanzbands ist er an den Tasten nicht nur völlig aus der Übung, er hat auch gar keine Orgel mehr. Kommen will er trotzdem.

Dem Mittwoch der darauffolgenden Woche sehen alle mit gespannter Erwartung entgegen. Vor allem Volker dibbert den ganzen Tag herum. Wieder mit Muckel spielen, dem besten Freund von damals, mit Andreas, mit dem ihn eine Art Hassliebe verbindet. „Da kam meine Jugend zurück, die Konzerte in der Nordlandhalle, im Kulturhaus in Hitzacker – wir waren wieder zusammen! Und dass ich dazu auch noch Jens mitbringen konnte, meinen Sohn, das war unbeschreiblich. Boah! Der kannte Muckel nur aus Erzählungen, Andreas und Barny vielleicht vom Sehen."

Um 17 Uhr ist es so weit. Die Session findet bei Christian Lammers statt, der mit einem Probenraum in der ausgebauten Garage neben seinem Elternhaus aufwarten kann. Christian spielt in dieser Zeit mit Barny und Helmut in einer Band, hat schon mal von den Meiselgeiern gehört, sagt freundlich Hallo und begutachtet die Älteren mit Interesse. Barny, Volker, Andreas, Muckel, Gerdchen und Helmut entern den Raum, der, wie es sich gehört,

KAPITEL IX

OPEN AIR HINTERM PENKEFITZER DEICH
Das ist das Wunderbare am Wendland: Die Natur ist so weitläufig,
dass man Pfingsten ungestört an der Elbe losrocken kann.

gut gefüllt ist mit Instrumenten, Verstärkern und der üblichen Menge Leergut. Gerdchen greift sich einen Hocker. Muckel baut seinen Verstärker auf. Volker stöpselt den weißen Bass ein. Andreas setzt sich an eine „Tisch-Hupe", ein Kinder-Keyboard, das Volker mitgebracht hat. Helmut und Barny beziehen Stellung hinter ihren Instrumenten. Und dann schauen sich alle an: „Was können wir denn noch?"

Black Magic Woman kramen sie tief aus der Erinnerung. Dann *Jingo*. Muckel holt völlig neue Sounds aus seiner Gitarre, die Volker prompt „Weinende Wale" tauft. *What's Going On* spielen sie – wir erinnern uns: *diddle, diddle, deididdle* – und Blues, immer wieder Blues. Erst einen auf E, dann einen auf A, jeweils mindestens fünfundzwanzig Minuten lang. Andreas trötet mit seinem Keyboard, das nur entfernt an eine Orgel erinnert, Volker malträtiert den kleinen weißen Bass, der zwanzig Jahre keine neuen Saiten gesehen hat – aber alle sind glücklich! Es ist dieselbe Wikinger-Horde, die da angreift, wild und ungestüm, laut und in genau dieser Scheißegal-Stimmung, die einst den Superintendenten um den Schlaf brachte. „Wir spielten, und wir wussten genau, wie die anderen drauf sind", schwärmt Volker. „Alles war wie früher. Als wenn du die Zeit zwanzig Jahre zurückdrehst. Einfach herrlich!" Was ihm nicht entgeht: Muckel hat in den zurückliegenden Jahren viel geübt. Die Sololinien von Carlos Santana fließen ihm viel geläufiger aus den Fingern.

Um das historische Ereignis zu dokumentieren, lässt Volker einen Kassettenrekorder mitlaufen und nimmt die Session auf. Als sich die Truppe um halb elf ausgepowert und auf einen nächsten Termin verabredet hat, fährt er gemeinsam mit seinem Sohn nach Hause, bleibt aber noch in seinem alten Ford vor der Tür stehen und schmeißt die Kassette in den Rekorder. Bis morgens um drei stehen die beiden dort und hören die Aufnahmen wieder und wieder. Dazu erzählt Volker all die Geschichten noch mal, die Jens ohnehin schon kennt – *Zurück in die Zukunft* in Dauerschleife. Eine Überdosis Glückshormone überspült ihn. Bis schließlich um drei Uhr morgens ein Nachbar energisch gegen die Scheibe des Fords klopft und laut vernehmlich fordert: „Herr Christ, bitte geben Sie jetzt Ruhe, sonst muss ich die Polizei holen."

Im Hochgefühl der Wiedervereinigung geht Volker zur Arbeit und platzt sofort mit der Nachricht heraus. Die jüngeren Kollegen können mit dem Namen Meiselgeier überhaupt nichts anfangen, die älteren umso mehr. Sie schwelgen sofort in alten Geschichten: „Als ihr in Hitzacker gespielt habt, da habe ich das erste Mal ein Mädchen geküsst! Und bei dem Konzert in Dannenberg meine erste Zigarette geraucht." Wie ein Lauffeuer verbreitet sich die Nachricht, immer wieder wird der jüngst auferstandene Bassist, stolz wie Harry, darauf angesprochen. „Wenn du als Familienvater wieder in deine Jugend reingerockt wirst, diese Energie wieder auflebt, wenn du von anderen angesprochen wirst, die sagen, ‚Mensch, das gibt's doch gar nicht!', dann lebst du richtig auf."

Neunzehn Jahre sind vergangen zwischen dem Konzert in der Nordlandhalle und der Wiedervereinigung, bis im Dannenberger Probenraum wieder *Jingo* und *What's Going On* erklingen. Es ist eine Zeit, in der junge Männer erwachsen werden, ihren Berufsweg einschlagen, Karriere machen, Familien gründen. Zumeist folgen sie den Prägungen ihrer Herkunft, bleiben den Werten treu. Und das umso mehr, je stärker sie darum kämpfen mussten. Diese Zeiten der Armut, der Demütigungen, des Elends mit den suchtkranken Vätern überstanden zu haben und anschließend diesen Rausch des Rock'n'Roll vor einem tobenden Publikum zu genießen – das erleben die Musiker an der Schwelle zu ihren Vierzigern als ein so starkes Band, dass sie es gar nicht fassen können. In neunzehn Jahren hat jeder seine eigene Geschichte geschrieben, aber die gemeinsame blieb davon unberührt. Und sie ist nicht eng und bedrängend, wie manche Rückkehr nach Hause sich wider Erwarten anfühlt, sondern groß und weit. In einem ungestümen Riff, wie Muckel ihn am Beginn von *What's Going On* spielt, lodert immer noch das Aufbegehren gegen die bürgerliche Konvention. Die lockende Gitarre am Beginn von *Black Magic Woman* ist immer noch purer Sex. Und die Hymne *Born To Be Wild* ist damals wie heute die Verheißung eines Lebens in Freiheit und Selbstbestimmung. Auch für Familienväter. Gerade für Familienväter.

Von jetzt an proben die Meiselgeier wieder regelmäßig. Ein- bis zweimal im Monat, im Probenraum von Christian. Der beäugt sie neugierig. Und fragt sich, was alle bloß an diesem wüsten Geschrammel finden.

KAPITEL X

If I were a Gamma Ray,
A Gamma Gamma Gamma Ray
Mighty and unfailing
I'd radiate love, to fight misery

Birth Control, *Gamma Ray*

ATOMKRAFT? FUCK OFF!

Der 22. Juli 1977 ist ein bedeutender Tag in den Annalen des Wendlands. An diesem Tag verkündet Niedersachsens Ministerpräsident Ernst Albrecht die Entscheidung, dass der Salzstock Gorleben Bauplatz für ein deutsches „Nationales Entsorgungszentrum" für Atommüll wird. Albrecht will einen Standort nahe der „Zonengrenze", sieht die dünne Besiedlung und Strukturschwäche des Landkreises als maßgeblichen Vorteil. Die Gewerbesteuer des Entsorgungszentrums werde bei den Hinterwäldlern hochwillkommen sein. Das Endlager als regionales Konjunkturprogramm. Im Zweifel lasse sich der Standort, zwischen Elbe und DDR gelegen, gut von der Polizei abriegeln. Außerdem hält man in Hannover, wie die *Frankfurter Rundschau* später zitiert, die Wendländer für tumb, obrigkeitshörig und ungeübt im politischen Protest.

Es gibt wohl keine politische Entscheidung nach dem Zweiten Weltkrieg, die den Landkreis nachhaltiger verändert hat als diese. Und keine, bei der sich die Oberen in Hannover so sehr verschätzen. Am 23. Juli alarmieren rund zweihundert AKW-Gegner mit einem Autokorso den Landkreis. Noch einmal acht Tage später gründen Atomkraftgegner, die vorher gegen ein Kraftwerk in Langendorf an der Elbe aktiv gewesen sind, die „Bürgerinitiative Umweltschutz Lüchow-Dannenberg e.V." Im März 1979 ziehen

KAPITEL X

MEISELGEIER – DIE HAUSBAND DES WIDERSTANDS
Jedes Mal dabei, wenn emotionale Unterstützung gebraucht wird.

KNOCKING ON HEAVEN'S DOOR
Eine Rockband in der Gartower Kirche?
Die Konservativen sind entrüstet!

dreitausend Wendländer im „Gorlebener Treck" in die Landeshauptstadt. Dreihundert von ihnen sind auf ihren Traktoren unterwegs. Sie werden von hunderttausend Demonstranten empfangen.

Womit niemand gerechnet hat: Der Kampf gegen das Endlager wird zum Kristallisationspunkt für eine kreative Vielfalt, die in Deutschland ihresgleichen sucht. Am Rande der Demos und Protestveranstaltungen entdecken die Atomkraftgegner verlassene Resthöfe, malerische, aber sanierungsbedürftige Rundlingsdörfer und viel, viel von Fachwerk umbauten Platz, den man zum Spottpreis kaufen kann. Sie bleiben. Gründen Kommunen oder Künstlerkollektive, Seminarhäuser und Bioläden. 1989 startet die Kulturelle Landpartie (KLP), um die Welt teilhaben zu lassen an der aufmüpfigen Kunst und Kultur. Wenn Klaus Wowereit Berlin einst „arm, aber sexy" nannte – war er mal zu Besuch im Wendland?

Die ganze Energie und Kreativität der Bewegung kulminiert im Kampf gegen die Castor-Transporte. Eine Speerspitze der Bewegung ist die Biker-Truppe Idas. Der Name spricht für die humanistische Bildung einer ihrer Gründer: Idas war in der griechischen Mythologie derjenige, der seinen Cousin Kastor erschlug. Im Widerstand haben die Idas-Leute einen enormen Vorteil gegenüber der Polizei: Mit ihren Cross-Maschinen können sie Schleichwege durch den Wald fahren, die sich dem Zugriff der Staatsmacht entziehen, um Fotografen oder Widerständler nah ans Geschehen zu bringen. Sie setzen die Nadelstiche, die den Protest so unberechenbar machen.

Aber natürlich gehört zum gemeinsamen Kampf auch die gemeinsame Feier. So haben die Idas-Leute im Mai 1996, als ein Castor aus dem französischen La Hague erwartet wird, wenige Kilometer von Gorleben entfernt ein großes NVA-Zelt aufgestellt, der Boden ausgelegt mit Strohbund. Dort wird gespielt, was Biker

KAPITEL X

nun mal am liebsten hören: harte Rockmusik. Es ist nach zwanzig Jahren das erste Konzert von Meiselgeier. Ein Auftritt mit Langzeitwirkung: Er macht sie zur Hausband des Widerstands.

Von überallher strömen die Leute über ein matschiges Feld, um dabei zu sein. Die Stimmung ist wild, ausgelassen, anarchisch, der Anlass – die drohende Verstrahlung mit Atommüll – natürlich bedrängend. „Wir standen auf gegen diese mächtige Atom-Lobby, demonstrierten, machten Musik!" Muckel redet sich in Rage. „Da wurde nicht groß reglementiert, da wurde Stimmung gemacht. Da waren wir Meiselgeier & *Friends*, konnten uns austoben und spielten das, was wir so draufhatten, immer wieder. Die Leute fanden das entweder gut – da gab's schon einige –, oder sie kifften und tranken sich die Mucke schön. Und wir spielten und spielten und spielten. Da gab's keine Rücksichten. Wer keine Lust mehr hatte auf Meiselgeier, sollte halt gehen! Das war Freiheit!"

Und sozialer Kitt, sagt Franzl Klahn. „Bei den Castor-Transporten waren die Menschen im Landkreis dichter beieinander. Wie im gallischen Dorf: eigentlich ein Hauen und Stechen aller gegen alle. Aber sobald einer von außen kommt, schließen sich die Reihe, und alle sind sich einig: Wir gegen die! Das prägt den Landkreis. Der Kampf gegen die Castoren war ein wichtiger sozialer Bezug für viele Menschen. Für manche, die man sonst selten sah, war das dann die Möglichkeit, doch mal wieder Kontakt zu bekommen. Und Meiselgeier eine feste Größe."

Was im August 1997 zu einem handfesten Eklat führt. Wieder sind es die Idas-Leute, die einen besonderen Akzent setzen wollen: eine Sternfahrt mit Gottesdienst und anschließendem Konzert. In der Kirche von Gartow soll der Biker-Gottesdienst stattfinden, begleitet von Meiselgeier unplugged. Pastor Kruse findet's super, der Kirchenvorstand nicht. Aber diese Oberen sitzen in der ersten Reihe, als sich dreihundert Biker in der Kirche versammeln und

Songs wie *Knocking On Heaven's Door* und *Blowing In The Wind* lauschen. Den Großkopferten entgleisen die Gesichtszüge. Als sie am nächsten Tag ein Foto des Pastors inmitten der Rockmusiker in der Zeitung sehen – geschmückt mit einem Stirnband, auf dem „Born to be wild" steht –, eskaliert der Ärger erst richtig. Ein Kommentar auf der Leserbriefseite lässt an Gottesdienst und Band kein gutes Haar: „Wenn Geier schon Musik machen wollen, so stimmen sie höchstens ein schauriges Totenlied über das Aas an, das sie zum Überleben brauchen. Wir bedauern, dass ... sich ein angesehener Pastor dazu hergibt."

„Eigentlich war es eine schöne Veranstaltung, sehr stimmungsvoll, aber danach war der Pastor angezählt", erinnert sich Christian Lammers. Es ist seine Premiere: der erste Auftritt mit Meiselgeier. Und an diesem Tag nur der Anfang, denn anschließend geht es in Langendorf weiter. Unterm Sonnensegel eine improvisierte Bühne, auf der hingebungsvoll improvisiert wird. Weil das Programm der Meiselgeier noch keinen ganzen Abend trägt, haben sie Christian und ein paar befreundete Musiker um Unterstützung gebeten. Es ist die Geburtsstunde von Meiselgeier *& Friends* – und in jeder Hinsicht ein denkwürdiger Abend. Oder, um es mit Brian Adams zu sagen, *A Night To Remember.*

Zehn Musiker stehen auf der Bühne. Gute Leute. Sie haben kaum miteinander geprobt und legen sich als Solisten umso mehr ins Zeug. Volker und Helmut bilden das Fundament, auf dem sich die anderen austoben. Hat Alvin Lee nicht vorgemacht, wie man bei einem Solo zehn Minuten lang alles aus Gitarre, Fingern und Amp rausholen kann, inklusive jaulender Rückkopplung? Hebt nicht jedes zusätzliche Bier die Stimmung, öffnet noch die tiefsten Quellen der Inspiration? Und müssen nicht diese elenden zwanzig Jahre Pause in einem kreativen Rausch wiedergutgemacht werden? Na also! Fünf oder sechs Stunden geht das so. Weiter und weiter

KAPITEL X

und weiter. Das Publikum zerstreut sich über die Zeit, bis irgendwann keiner mehr da ist. Nach einer Weile geht Christian von der Bühne und gesellt sich zu Otti, den Tontechniker. Als sie auf der Bühne beginnen, mit den Gitarren an den Mikroständern zu sägen, fragt Otti Christian: „Brauchen wir die Anlage noch?" Der antwortet: „Nee. Mach aus." Es ist ja eh keiner mehr da, der zuhört. Was die Stimmung auf der Bühne überhaupt nicht dämpfen kann. Erst schaltet Otti die Hauptanlage aus, später die Monitore. So langsam klingt der infernalische Krach aus, in den sich der Selbstausdruck der Musiker gesteigert hat. Der Kater am nächsten Tag hat sich gewaschen. Aber war es nicht ein unfassbar geiles Konzert?

Es sind legendäre Gigs. Grinsend erzählt Franz Klahn von einem weiteren für die Biker. „Da habe ich gedacht: Jetzt holen sie uns von der Bühne! Die Band hatte schon ziemlich getankt. Dann stand Bärchen auf, stieg auf eine Box und grölte in die Runde: ‚Ich liebe euch alle.' Und ich dachte: Jetzt kriegen wir eins auf die Fresse! Aber er hat das wahrscheinlich so empfunden." Die Biker offenbar auch. Sie bleiben ganz friedlich.

Über die Jahre verändert der Widerstand gegen das Endlager und die Castor-Transporte den Landkreis. Nicht nur, weil viele Leute einwandern, die sich zum Widerstand rechnen, sondern auch, weil die Kulturelle Landpartie immer weitere Kreise zieht und schon bald weit über den Landkreis hinaus zum Publikumsmagneten wird. Auch die traditionell geprägten Einheimischen beginnen umzudenken. Christians Vater etwa. Eigentlich ist er der typische SPD-Wähler, sehr konservativ eingestellt. Zunächst reagiert er ausgesprochen befremdet, als der Sohn und vor allem die mittlere Tochter sich im Widerstand engagieren. Aber irgendwann sitzt er doch tatsächlich selber auf den Schienen, auf denen der Castor erwartet wird – für seine Familie eine geradezu erschütternde

Wandlung! Von Polizisten wird er runtergetragen. Und direkt nebenan in der Kita, wo man sich natürlich kennt, skandieren die Kinder: „Herr Lam-mers! Herr Lam-mers!"

Wenn im November der Castor kommt, herrscht absoluter Ausnahmezustand – die fünfte Jahreszeit im Wendland. Und Volker hat einen Logenplatz. Er wohnt am letzten Bahnübergang vor dem Verladebahnhof. Bei einigen Transporten sind er und seine Familie zehn Tage von streng bewachten Absperrgittern eingeschlossen. Sie brauchen einen Passierschein, um in die Wohnung zu kommen. Manchmal kreisen bis zu zehn Hubschrauber stundenlang über dem Haus. Immer wieder schleust er trotzdem Aktivisten mit der Begründung bei sich ein, die seien bei ihm zum Kaffee eingeladen. „Stimmte ja auch irgendwie. Die mussten sich ja mal aufwärmen und ausruhen." Auch die Szene der Castorgegner findet sich bei ihm ein, weil sie nur hier so dicht ans Geschehen kommt. Fernsehteams belagern die Wohnung, weil man vom Fenster im Zimmer seiner Tochter Christin den besten Blick auf die Bahnlinie hat.

Eine anstrengende, eine aufregende, eine tolle Zeit. „Bei mir gab's laute Musik, Kaffee und reichlich Glühwein. Ich hatte große Boxen im Garten, und daraus dröhnte *I Shot The Sheriff*. Worauf die Bullen sagten: ‚Das muss ja nun auch nicht sein.' Dann bekamen sie einen Kaffee zum Trost." Als ehemaliger Grenzschützer hegt er Sympathien für die Beamten. Nur für die Magdeburger und Berliner nicht. Die sind zuständig, wenn schnell geräumt werden soll. Ihre Brutalität ist abstoßend. Sie kennen keine Rücksicht.

Die Castor-Konzerte sind etwas Besonderes für die Meiselgeier. Alleine das Abenteuer, sich zu den Auftrittsorten durchzuschlagen, irgendwo durch den Wald, weil sonst kein Durchkommen möglich ist. „Ganz schmales Equipment", lautet die Devise. Alles so einfach

KAPITEL X

wie möglich halten – und nur ja nichts vergessen. Wer sich einmal durch die zahllosen Polizeikontrollen gekämpft hat, vorbei an Wasserwerfern und Beamten mit Maschinenpistole, schafft es unmöglich ein zweites Mal.

Für die *Friends*, mit denen die Band spielt, ist das ein Kulturschock. Der Gitarrist Peter Florek muss erleben, wie er in eine Straßensperre gerät und die Polizei sein Auto auseinandernimmt. Völlig entnervt meldet er sich vom Handy aus und kommt viel zu spät bei der ehemaligen Diskothek an, in der Meiselgeier den Auftritt hat. Seine Beschwerde darüber lässt Gerdchen, Veteran des Widerstands, komplett kalt: „Was wills' du denn? Das is' hier die fünfte Jahreszeit! Peter, das is' hier immer so, wenn der Castor kommt. So, nu' komm, du muss' Gitarre spiel'n." Der Laden ist brechend voll. Wenn fünf rausgehen, dürfen fünf neue rein. Selbst die Presse hat sich eingefunden. Meiselgeier oben auf der Bühne – live at it's best! Es ist November, es ist kalt, es regnet, aber die Leute kommen und feiern ab! So ist das, wenn der Castor kommt und Meiselgeier spielt.

Eine besondere Stimmung. Das gallische Dorf gegen die römischen Besatzer. Wir hier unten gegen die da oben. Umweltschützer gegen Atomlobby. Und eine Atempause im Kampf, das Konzert einer unbändigen Horde von Rockmusikern. Reichlich Bier. Laute, wilde Songs, in denen sich die Emotionen so richtig entladen können. Und derbe Späße, wie sie Zecke, ein alter Fan aus Hitzacker, bei einem Castor-Gig in Langendorf veranstaltet. Er kennt die Bedienung hinterm Tresen, geht zu ihr hin und sagt:

„Ich brauch' mal dein Höschen."

„Wie?"

„Dein Höschen brauch' ich."

„Fick dich doch selbst!"

„Komm, hier hast'n Fuffie, gib dein Höschen."

Der Geldschein überzeugt. Hinterm Tresen zieht sie den Slip aus, Zecke wirft ihn auf die Bühne – der Brüller des Abends! Beim Abbauen wird das kostbare Stück sorgsam eingepackt und hängt jahrelang als Trophäe im Probenraum. Neben zwei BHs. Bis sich seine Spur verliert.

Zwölf Castor-Transporte sind es von 1996 an, und jedes Mal spielt Meiselgeier. Jedes Mal ohne Gage, die Einnahmen spendet die Band dem Widerstand. Das schafft eine besondere Beziehung. Aber auch Erwartungen. Groß ist der Frust, als die Meldung durchdringt, wonach die Bäuerliche Notgemeinschaft, Kern des Widerstands, zur Feier ihres fünfundzwanzigsten Jubiläums in Trebel nicht Meiselgeier engagieren will. Sondern die Oysterband, eine englische Folkband – für fünfzehntausend Mark, wie man munkelt. Mit Flugkosten und allem Drum und Dran. Als die Sache platzt, steht einer der Vertreter der Notgemeinschaft auf einmal im Probenraum von Meiselgeier. Ob die Band nicht einspringen könne? „Ich weiß noch wie heute, wie er da im Türrahmen stand", erzählt Volker. „Und wir wussten natürlich, was sie eigentlich vorgehabt hatten."

Dann schaltet Barny sich ein, mit der ihm eigenen Klarheit aus der hinteren Ecke.

„Klar machen wir das. Für fünftausend Mark."

Volker bleibt die Luft weg. Dem Typen von der Notgemeinschaft auch.

„Wie?"

„Hab ich doch gesagt", antwortet Barny. „Für fünftausend machen wir's. Jahrelang haben wir für euch auf lau gespielt. Ihr wolltet für eine Band, die nichts mit dem Widerstand zu tun hat, fünfzehntausend ausgeben. Wir kosten jetzt fünftausend. Sonst könnt ihr es vergessen."

KAPITEL X

Konsterniert dreht der Abgesandte ab. Drei Tage später kommt die Zusage. Und beim Auftritt die Retourkutsche. „Da haben sie uns dann scheiße behandelt", erinnert sich Volker.

Aber das kann einen Meiselgeier nun wirklich nicht aus der Ruhe bringen.

KAPITEL XI

Outside in the cold distance
A wildcat did growl
Two riders were approaching
And the wind began to howl

Jimi Hendrix,
All Along The Watchtower

DER GUERILLERO

Im östlichen Teil des Landkreises Lüchow-Dannenberg gibt es am Montagnachmittag auch für Journalisten kaum noch ein Durchkommen. Alle paar hundert Meter kontrolliert die Polizei Fahrzeuge und Insassen. Wer weiterfahren darf, hängt wenige Augenblicke später wieder fest. Die Einsatzleitung hat zahlreiche Hundertschaften von der Bahnstrecke an die Straßen zwischen Dannenberg und Gorleben verlegt. Um 4.15 Uhr am Morgen erreichte der Castor-Transport aus Frankreich die Dannenberger Verladestation. Zuvor hatten die atomkraftkritischen Landwirte der „Bäuerlichen Notgemeinschaft" nach 15 Stunden Dauer eine letzte Schienenblockade in Hitzacker beendet. Freiwillig, denn Bahn- und Polizeitechnikern war es nicht gelungen, die vier angeketteten Bauern aus einer auf den Schienen deponierten Betonpyramide zu lösen.

Als Gegenleistung für die Aufgabe ihrer Aktion handelten die Blockierer eine öffentliche Erklärung der Polizei aus. „Die vor Ort eingesetzten Polizeitechniker stellten nach mehrstündiger Arbeit an der Pyramide fest, dass hier augenscheinlich ein durchdachtes, ausgeklügeltes und nach Angaben der Aktivisten sicheres System vorliegt", hieß es darin. „Die Polizei sieht sich nach derzeitigem Stand in zumutbarer Zeit nicht in der Lage, die Personen unverletzt zu befreien." In einer Lautsprecherdurchsage bestätigte der Einsatzleiter vor Ort, die Polizei sei in diesem Fall nur „zweiter Sieger" geblieben.

Ein Triumph! Der Widerstand hat die Polizei vorgeführt, dokumentiert im *Berliner Tagesspiegel* vom 28. November 2011.

KAPITEL XI

Fünf Tage und sechs Stunden hat es gedauert, bis der Transport von elf Castoren aus La Hague schließlich Gorleben erreicht – die Verzögerungstaktik der Atomkraftgegner hat alle Rekorde gebrochen. Und mittendrin: Gerdchen.

So wie er mit vollem Einsatz den technischen und moralischen Support für die Meiselgeier organisiert hat, den Raum für die erste Probe in der Realschule besorgt, den Meiselgeier-Käfer lackiert und den Sound bei den Konzerten gesteuert hat, so wirft er sich in den Widerstand gegen das Endlager in Gorleben. 1958 geboren, macht er gerade seine Elektrikerlehre, als im Wald bei Gorleben die Post abgeht. Hunderte haben sich im Sommer 1977 eingefunden, um das erste Widerstandsdorf zu bauen. Fünfunddreißig Kilometer von zu Hause. Irgendwie schafft er es auch ohne Auto immer wieder dorthin, und irgendwie gelingt es ihm auch, sich vor den Fotografen zu verstecken, die überall im Camp herumlungern. Seine Angst: „Wenn du in die Zeitung kommst und deine Eltern sehen das – die schlagen dich windelweich!" Gerdchen und sein Vater haben nicht nur bei der Musik sehr unterschiedliche Auffassungen.

Er tritt in die Bäuerliche Notgemeinschaft ein, weil er viele Mitglieder aus der Schule kennt. Sie organisieren den Protest. Bei einem Kumpel läuft die Bahn, auf der der Castor kommt, direkt hinterm Haus vorbei. Aber vieles gefällt ihm nicht. Zum Beispiel, dass da Leute den Protest als große Fete ansehen und sich regelmäßig mit Bier beschütten. Er will mehr, den radikaleren Protest, und das geht mit denen nicht. Entweder sind sie zu besoffen, oder sie haben keine Traute, sich auf den Schienen anzuketten. Anders die Leute im Widerstandsdorf Metzingen, das von der Polizei immer eigens gesichert wird. Da ist sein Platz. Bei den Wasserwerfern im Wald bauen sie die Antennen ab, damit sie nicht funken können, um ihre Position zu melden. Manchmal dauert es Tage, bis

„DIE SACHE SO TEUER WIE MÖGLICH MACHEN!"
Wenn der Castor kommt, ist Gerdchen immer mittenmang – hier mit Kappe, schwarzer Kluft und herausforderndem Blick.

KAPITEL XI

die Fahrzeuge gefunden werden – ebenso wie die Beamten, die darin ausharren müssen, weil sie ihr Gerät nicht alleine lassen dürfen.

Diesen Adrenalin-Schub liebt er. Überall Panzerwagen, Spähwagen, Wasserwerfer, Hubschrauber! „Du läufst 'rum mit großer Stabtaschenlampe, Messer und bist auf der Gegenseite, nur ohne Uniform. Du versteckst schon Wochen vorher Rucksack und Isomatte im Wald, weil die Bullen dir das sofort abnehmen würden. Wenn am Dienstag der Castor im Landkreis ankommen soll, dann buddelst du dich am Sonntag irgendwo in der Nähe der Bahnlinie ein. Mit ein bisschen Gebüsch, damit du dich ein wenig bewegen kannst. Du kennst dich hier ja aus. Pinkeln und kacken geht nur nachts. Wenig trinken. Das kann man trainieren."

Und dann geht es los. In einer grünen Jagdjacke – die blaue Montur der Polizei kommt erst später –, einer grünen Hose und mit einer schwarzen Mütze. Die Bullen stürmen mit Hurra auf die Demonstranten los, Gerdchen mit. „Die bemerken mich einfach nicht, laufen immer weiter – und ich biege ab zu den Bahnschienen. Dann macht's Klick-Klick, und ich bin festgekettet." Die Verantwortlichen der Hundertschaft, unter die sich der Aktivist gemischt hat, bekommen den Einlauf des Jahres. Und müssen mitansehen, wie eine menschliche Blockade den Castor für sechs oder sieben Stunden am Weiterfahren hindert.

Ein Gespräch mit Gerdchen über dessen Abenteuer im Widerstand ist auch eine Fortbildung in friedlicher Guerilla-Taktik. „Es gab ja immer zwei Routen, über die sie kommen konnten, und wir wussten nicht welche. Aber wir wussten: In Grippel müssen sie vorbei. So ein Castor wiegt zweihundert Tonnen, damit kann man nicht über einen Acker fahren. Deswegen haben wir in Grippel unsere erste Pyramide hingestellt – die wussten überhaupt nicht, woher die kam. Aus einer Scheune! Da haben sich die Tochter eines Kumpels und noch zwei andere angekettet. Dann ging gar nichts mehr. Das Rote Kreuz musste sich um die Angeketteten kümmern – die drei saßen ja bei minus acht Grad auf der Straße! Also wurde ein Zelt um sie herumgebaut. Irgendwann konnten die Polizisten die drei dann lösen, aber das hat viele Stunden gedauert."

Die Polizei lernt dazu, aber die Widerständler auch. Beim nächsten Mal ist die Pyramide noch schwerer, die Konstruktion noch cleverer. Der Triumph, die Bullen übertölpelt zu haben, strahlt aus Gerdchens Gesicht. Dass der Einsatzleiter per Megafon verkünden muss, die Polizei sei in diesem Wettstreit zweiter Sieger geblieben ...

Aber es gibt nicht nur schöne Geschichten. „Ich hab ordentlich einstecken müssen. Einmal richtig vom Wasserwerfer einen gekriegt, das tat sehr weh. Auch von den Berittenen. Die kamen aus Magdeburg. Und diese Pferde sind ja groß! Dann konnten wir nur noch laufen. Gott sei Dank hatte ich einen Rucksack auf, hab mich über eine Frau geschmissen, die nicht so schnell laufen konnte, und eine Polizistin hat mich richtig mit dem Gummiknüppel verdroschen." Im Verladebahnhof in Dannenberg entert er über den Zaun, um zum Castor zu kommen, wird aber zu schnell entdeckt. Zusätzlich zu den Schlägen mit dem Gummiknüppel gibt es drei Tage Arrest im Lager bei Tramm.

Das Ziel der Castor-Gegner: Den Transport so teuer wie möglich zu gestalten, damit der Staat irgendwann entscheidet: „Das machen wir nicht mehr. Das schaffen wir nicht." Die Kosten für die Begleitung der Castoren steigen von anfänglich vier oder fünf Millionen auf fünfundzwanzig Millionen Euro – „unseretwegen", sagt Gerdchen und grinst. „Das war unser Ziel: die Kosten immer höher treiben, so viel wie möglich zerstören, stilllegen, blockieren."

KAPITEL XI

Ein bisschen ist es ein sportlicher Wettstreit: Wer ist cleverer, wer hat die Nase vorn? Und wer kann den anderen vorführen? In Metzingen verliert ein Polizist bei einer Schlägerei seine Waffe. Eine Katastrophe. Zumal nach zwei Tagen hektischer Suche klar ist, wer die Waffe gefunden hat: der Widerstand im schwer gesicherten Camp. Man sei zu Verhandlungen bereit, um die Waffe zurückzubekommen, lässt die Einsatzleitung verlauten. Die werden auf dem Platz vor dem Trucker-Imbiss am Ortseingang von Metzingen geführt. Eine Szene, wie wir sie aus Western kennen: auf der einen Seite die Indianer, auf der anderen die Konföderierten. Formalitäten gibt es keine, alle sind per Du. Der Rang des Verhandlungsführers der Polizei ist an seiner Kampfuniform zu erkennen: Er trägt goldene Litzen, keine silbernen. Der Polizist, der die Waffe verloren hat, steht daneben, vergeblich um Haltung bemüht.

Der Chef eröffnet die Runde: „Wir kommen in Teufels Küche!"

„Ja, wissen wir."

„Und ist das wirklich die Waffe?"

„Ja." Der Unterhändler der Aktivisten zeigt sie vor, gesichert und ohne Munition.

„Mann, gib mir die Waffe."

„Gegen zehn Kisten Bier bekommst du sie."

Eine Telefonaktion der Polizei beginnt. Wo soll sie an einem Sonntag im Landkreis zehn Kisten Bier herkriegen? Man wartet. Alle sitzen herum. Man trinkt Bier, nicht nur die Castor-Gegner. Einige Stunden lang klappern die Polizisten Tankstellen und Kneipen ab, bis sie schließlich mit zehn Kisten anrücken. Die müssen dann aber noch ins Camp, das mit Eggen und Pflügen gesichert ist. Den Beamten, die den Wagen fahren, steht die Angst ins Gesicht geschrieben. „Aber das haben sie brav gemacht", erzählt Gerdchen mit breitem Grinsen, „es ist alles gut gegangen.

Zum Schluss haben wir uns alle mit einem High five voneinander verabschiedet."

Und dann sitzt dieser Guerillero, der sich für Tage im Wald einbuddelt, mit Polizisten beult, von Magdeburger Berittenen verdreschen lässt und auf Bahnschienen festkettet – dann sitzt dieser Guerillero also am Mischpult von Meiselgeier, und der Angstschweiß läuft ihm aus dem Ärmel. Der Sound ist scheiße. Die Anlage brummt. Der erste Musikerpolizist kommt (man erkennt diese Sorte von Polizisten an ihrer wichtigen Miene, nicht an einer Uniform) und beschwert sich: „Ey, hörst du das nicht, das klingt doch nicht gut!" Der zweite, reichlich Bier intus, kommt: „Sach ma, hockst du auf deinen Ohren? Das klingt kacke!" Könnte nicht genau jetzt das SEK den Saal stürmen? Gerdchen wüsste, was zu tun wäre. Stattdessen läuft er rot an, sein Puls hämmert gegen die Schädeldecke. „Mann, natürlich hör' ich, dass es kacke klingt, aber ich weiß auch nicht, woran's liegt!" bellt er zurück.

Rockmusik lebt nicht nur von ihrem Schrei nach Freiheit – sie lebt auch vom Kampf. Gegen die Konventionen. Gegen die Spießer. Gegen die Musikerpolizisten. Und, ja, manchmal auch gegen die Musiker in der eigenen Band.

KAPITEL XII

**This can't go on
Lord knows, you got to change, baby**

Santana, *Evil Ways*

AUFTRITT KARAJAN

„Das hast du falsch gespielt!"
Mit so einem Satz haben schon Schimpfkanonaden begonnen. Prügeleien. Wertvolle Instrumente wurden zu Waffen. Freunde zu Feinden. Liebe wandelte sich in Mordlust. Verstärker gingen zu Bruch. Ebenso hoffnungsvolle Band-Karrieren. Alles wegen dieser fünf verhängnisvollen Wörter. Aber Volker schaut nur ratlos und sagt: „Wie ...?"

Er steht im Probenraum der Meiselgeier und fragt Christian.

„Das war falsch?"

„Ja, das war falsch."

Aus der Ecke tönt Andreas: „Ich hab's auch gehört. Das ist doch einfach."

Was Volker dann doch nicht auf sich sitzen lassen will: „Wenn es einfach wäre, würde ich's ja spielen!"

Eine neue Zeit ist angebrochen. Nicht nur sehen wir uns im 21. Jahrhundert und im eigenen Probenraum der Meiselgeier (er befindet sich auf dem Hof im Dannenbergers Ortsteil Prisser, wo Mutter Rathje wohnt und Barny schon früh seine Rücklagen in den Kauf des Anbaus investiert hat). Vor allem erleben wir einen neuen künstlerischen Leiter in Aktion. Nach mehreren Jahren der losen Verbindung, in denen seine Rockröhre die Castor-Konzerte und andere Events bereichert hat, soll jetzt eine feste Verbindung

KAPITEL XII

entstehen, aus dem *Friend* Christian Lammers ein echter Meiselgeier werden. Ob alle wissen, worauf sie sich einlassen?

Die Meiselgeier des 20. Jahrhunderts: unendlich lange Gitarrensoli, große Mengen Bier, Konzerte von vier, fünf, sechs Stunden, irgendwann vor einem leeren Saal. „Eine Wikingerhorde", sagt Andreas. Eine „Schülerband mit Anspruch", findet Helmut. Und Volker erinnert sich: „Wir haben nach dem Motto gespielt: ‚Waschen und Gitarre stimmen ist feige – Regler aufgedreht und los!'" Ein riesiger Spaß. Aber auch das Rezept, um als Band weiter gebucht zu werden? Selbst Woodstock-Veteranen wie Carlos Santana haben inzwischen Platten vorgelegt, in denen Soli keine fünf Minuten mehr dauern, sondern nur noch zwanzig Sekunden. Sollte man vielleicht …?

Christian stellt Bedingungen. „Ich steige nur ein, wenn wir anfangen zu arbeiten. Das heißt: Stücke richtig arrangieren, die Instrumente aufeinander abgestimmt, eine sinnvolle Abfolge von laut und leise, klare Linien, ein sauberer Schluss. Wenn wir mal ein Sechs-Minuten-Stück haben, dann auch mit Solo-Part für die Orgel oder die Percussions. *Highway To Hell*, *Cocaine* und *Honky Tonk Woman* endlich so interpretieren, dass nicht mehr eins wie das andere klingt. Und die Leute nicht mehr aus dem Saal spielen. Sonst kommt irgendwann keiner mehr." Die anderen hören staunend zu. Widerspruch bleibt erst mal aus.

Er macht sich an die Arbeit. Bereitet jedes Stück vor. Hört es an die hundert Mal. Immer und immer wieder. Seziert die einzelnen Instrumente heraus, sortiert ihr Zusammenspiel. Macht sich Notizen. Bereitet die Proben vor. Immer mit der Frage: Was geht mit den Möglichkeiten der einzelnen Musiker auf ihrem Instrument? Dann kommt er in den Proberaum und dirigiert: „Jetzt machen wir das mal so und so und so." Stück für Stück wird neu

WILD GEWORDENE FANS
Von Muckel nach Kräften angeheizt.

SCHÜCHTERN?
Weit gefehlt! Christians sanfter
Blick sollte nicht über seine
ordnende Kraft hinwegtäuschen.

erarbeitet. „Wir sind nicht Hendrix, Stones, Steppenwolf, wir sind Meiselgeier. Aber natürlich gibt es ein Grundgerüst. Darauf bauen wir auf und arrangieren den Song so, dass wir damit zufrieden sind. Dass wir ihn spielen können und hinterher sagen: geil!"

Das Ergebnis überzeugt irgendwann, aber der Weg ist gesäumt von Kämpfen. Eine Probe hat sich eingebrannt „Ich weiß es noch wie heute", grinst Volker. „Christian ist noch nicht da, und wir spielen schon mal *Cocaine*. Alle langen voll rein. Und dann stürmt er in den Raum und motzt: ,Leute! Leute! So kann man das nicht spielen! Ihr spielt alle das Gleiche. Das haben wir doch ganz anders geprobt! Das geht so nicht!' Ich sage: ,Ach, da kommt unser Karajan für Arme.'" Und Karajan? Geht in die Luft. „Da bin ich echt explodiert. Das war wieder genauso, wie sie es vorher gespielt hatten, alle gleich laut und schön Attacke, da war nichts mehr von dem, was wir erarbeitet hatten." Fluch oder Segen: Während des Spielens kann er jeden einzelnen Musiker wahrnehmen und sofort hören, ob sich jemand verspielt oder von der neuen Version abweicht. In der Anfangszeit reagiert er unmittelbar und nicht selten heftig.

Schwierige Situation: Ein neuer Meiselgeier steigt ein, mehr als zehn Jahre jünger als die anderen, ist in dieser Zeit nur vorgeblich souverän, will sich beweisen und gibt Anweisungen. Nicht unbedingt im kollegialen Ton: „Mann, Alter, nun hör doch mal, was ich sage, und spiel nicht wieder denselben Scheiß!" Nicht nur mit Muckel gerät er auf diese Weise aneinander, erinnert sich der neue Kapellmeister. „Andreas war sich dessen, was er spielte, sehr sicher. Und dann kommt einer und sagt: ,Spiel das mal eine Oktave tiefer, weil in der oberen Lage spielt Muckel das Solo.' Da hatte vorher keiner drüber nachgedacht. Aber dann fiel Andreas ins alte Muster zurück, und ich intervenierte. ,Muss ich mir von dir was sagen lassen?' fragte er, und ich antwortete: ‚Nee, musst du nicht. Aber versuch doch mal, was ich dir vorschlage.'"

Heikel. „Die Zusammenarbeit mit Christian war ein Herantasten, ein langsamer Prozess über mehrere Jahre", erzählt Muckel. „Er hatte ja schöne Erfolge mit anderen Bands, aber als er dann bei uns einstieg, merkten wir: Er war nicht wirklich einer von uns. Wie er sich die Karajan-Rolle nahm, war für mich ein Schock. Diese ständigen Anweisungen: ‚Das musste so spielen, das musste so spielen ...' Dann machte er Helmut an, was er ändern sollte, den empfindsamen Helmut! Andreas auch, aber der kann das besser ab. Als er das mit mir versuchte, zog ich eine Grenze: Mit mir so nicht! Das verstand er." Und Barnys Aura verhindert ohnehin jede Anweisung.

Christian seufzt. „Ich kann verstehen, dass immer mal einer sauer war. Andreas sagte zu mir: ‚Pass auf: Ich bin erwachsen, ich bin groß, das muss ich mir nicht antun, das muss ich mir von dir nicht gefallen lassen.' Da merkte ich, ich muss mal einen Gang zurückschalten. Nicht persönlich werden. Gelang nicht immer. Heute kann ich mich dafür entschuldigen, das war früher nicht so." Ein kurzes Innehalten. „Vieles würde ich jetzt anders machen. Es war schwierig mit mir. ‚Volker, ich hab doch gesagt ... Helmut, was machst du da ... Och nee, Andreas, nicht schon wieder ... Bitte Muckel, kannst du jetzt endlich das spielen, was wir verabredet haben? ...' Und dann ging mit mir auch mal die Wut durch. Das brach einfach raus."

Nach einem Gig im Jahr 2003 kommt es zum Showdown. Meiselgeier hat in Karwitz für eine Horde von Bikern aufgespielt, und der Auftritt ist eigentlich beendet. Das Publikum hat sich in die Scheune verzogen und feiert. Fünfzehn Biker stehen noch vor der

KAPITEL XII

Bühne, drei von ihnen, die reichlich getankt haben, rufen „Zugabe!". Die Band ist schon abgegangen, aber Muckel wird von den Rufen angestachelt. Er springt auf die Bühne, krakeelt: „Jetzt machen wir noch einen!", und kommandiert die Musiker nach oben. Dass keiner kommen will, akzeptiert er nicht, greift sich das Mikro und ruft: „Die Meiselgeier auf die Bühne!" Die Meiselgeier gehorchen. Wie immer. Nur einer nicht. „Ich geh da auf keinen Fall hoch und spiele noch ein Stück", entscheidet Christian für sich, „auf keinen Fall!" Worauf Muckel sich erneut das Mikro greift: „Jetzt suchen wir alle Christian!" Er skandiert: „Chris-tian! Christian! Chris-tian!" Um die Peinlichkeit nicht noch weiter eskalieren zu lassen, fügt der sich ins Unvermeidliche und spielt zwei Stücke mit. Danach nimmt er sich Muckel zur Brust: „Das machst du nie wieder mit mir – mich so bloßzustellen! Sonst kriegst du richtig Ärger!"

Muckel ist geschockt. „Das darfst du nicht sagen!" klagt er Christian bei der nächsten Probe an.

„Was darf ich nicht sagen?"

„Mir sagen, dass ich das nicht machen darf."

„Uwe, *du* darfst nicht darüber bestimmen, ob ich auf die Bühne komme oder nicht. Wenn ich unten bin und will nicht rauf, dann meine ich das genau so. Wenn du weitermachen willst, dann mach weiter, aber was du mit mir machst, ist ja schon fast Nötigung."

Dann kommt auf den Tisch, was schon lange schwelt. In Zimmerlautstärke, aber mit ganzer Wucht. Eine Konfrontation „du oder ich". Dass Muckel als Letzter kommt und als Erster geht, wenn er aus Hamburg anreist. Christians Karajan-Attitüde. Die Geschichte in Karwitz. Nach einer Weile sagt Muckel: „Dann höre ich auf bei Meiselgeier, dann mach du mit denen, was du willst."

„Häh?" kommt als Reaktion. „Wieso das denn? Ich bin doch gerade erst da, ich hab mit Meiselgeier doch noch gar nichts zu tun! Du bist Meiselgeier, und ohne dich ist die Band nicht Meiselgeier! Dann hör ich lieber auf, und ihr macht einfach so weiter."

Im Angesicht der drohenden Trennung einigen sich die Kontrahenten. Diskutieren noch eine Weile und verabreden schließlich, dem Projekt ein paar Monate Zeit zu geben. Zu schauen, wie's läuft, bei den Proben, bei den Gigs. Ob die Leute gut finden, was sie da gerade erarbeiten. Das Experiment zu beenden, wenn es nicht läuft. Dass Christian dann wieder seiner Wege geht. Aber es läuft. Der Eklat hat die Atmosphäre in der Band gereinigt. Die Resonanz im Publikum ist gut, ja, sie wird immer besser. Nach ein paar Monaten kommt das Thema noch einmal auf die Agenda, aber das Problem hat sich erledigt.

Im Rückblick schauen alle mit Milde auf diese Zeit. „Christian hat uns strukturiert", sagt Volker. „Wir dachten, endlich kommt da jetzt jemand, der sagt, wie man's besser macht. Über laut und leise – man nennt das wohl ‚Dynamik' – hatten wir uns keine Gedanken gemacht. Christian aber schon. Der hat feine Ohren. Da begann etwas Neues. Da nahm die Geschichte von Meiselgeier eine neue Wendung." Das Ende der Wikingerhorde, die erbarmungslos durch die Songs brettert. Der Beginn einer soliden Rockband, die von renommierten Veranstaltern gebucht wird.

Muckels Resümee ist differenzierter. „Es war ein Glücksfall für Meiselgeier, dass Christian musikalisch so genau arbeitet. Dass mir das emotional so schwerfiel und ich mit dieser Art nicht so gut umgehen kann, ist etwas anderes. Ich habe ihm auch mal gesagt: ‚Du brauchst bei mir nicht so draufzuhauen, ich bin von alleine ehrgeizig. Tick mich an, und dann mache ich das.'"

Natürlich prallen hier Welten aufeinander: die unbändige Improvisationslust der frühen 70er auf die rigide Songstruktur der

KAPITEL XII

Jahrzehnte danach. Wer 1956 geboren wurde, ist vollkommen anders geprägt als einer, der 1967 zur Welt kam. Hier Woodstock, da Live Aid. Hier Ten Years After und Rory Gallagher, da Police und Supertramp. Erstaunlich genug, dass Christian sich mit Classic Rock überhaupt identifizieren kann. Takt für Takt hat sich der neue Frontmann die Liebe zu den Songs erarbeitet. Wie erkenne ich die Schönheit eines Songs, empfinde, warum er so viele Menschen berührt? Genau auf diese Weise! Ein langer, mühevoller, aufwendiger Prozess. Reinhören, reinfühlen, ankommen – und wenn man die Band-Kollegen in diese Struktur gleichsam hineinführt, sie an die Kandare nimmt, sie davon abhält, in die alten Muster zu verfallen, dann ist das harte Arbeit. Aber eine, die belohnt wird. Denn auf einmal entsteht ein neues Klangbild. Die Instrumente fügen sich neu ineinander, und der Song beginnt von innen heraus zu strahlen.

„Ich habe mir jedes Stück sehr intensiv erarbeitet und so diese Musik, die mir erst so fremd war, wirklich lieben gelernt", zeichnet Christian seinen Weg zu einem Meiselgeier nach. „Und heute kann ich Muckel gut verstehen. Er kam aus Hamburg, war hier im Landkreis auf einer Bühne bei den Demonstranten – und konnte spielen, spielen, spielen. Das war für ihn auch eine Befreiung. Für mich war es schwer zu ertragen. Aber schließlich haben wir uns zu dem durchgearbeitet, was wir heute sind."

Es ist das Besondere an dieser Band, dass sie miteinander ringt, aber sich nicht gegenseitig zerfleischt. Dass die Musiker sich streiten, maulen, motzen, einander auf die Nerven gehen, aber am Ende eben doch tief empfinden, worum es eigentlich geht: Musik. Freundschaft. Liebe. „Diese Liebe ist speziell bei uns Meiselgeiern", sagt Muckel. „Daran musste man Christian immer mal erinnern. Aber er hat sein Herz geöffnet und immer mehr menschliche Größe entwi-

NACH HEFTIGEN KÄMPFEN EINE EINHEIT
Meiselgeier im 21. Jahrhundert: präzise choreografierte Songs, strikt sortierte Auftritte. Nur den alten Fans fehlt ein bisschen das Anarchische …

ckelt. Die ist mir viel wichtiger als seine große Kompetenz als Musiker. Er hat so viel Mitgefühl für Schwächere. Und wie er seinen Vater in dessen letzten Lebensmonaten gepflegt hat – das hat ihn mir viel nähergebracht, als es das geilste Konzert je könnte."

KAPITEL XIII

You can't always get what you want
But if you try sometimes you might find
You get what you need

Rolling Stones,
You Can't Always Get What You Want

DER KAPELLMEISTER

"Kommt, einen Song spielt ihr noch." Und dann schiebt der Rockstar die Jungs der Vorband wieder auf die Bühne. Noch einmal richtig loslegen vor dreitausend Leuten, die Stimmung genießen, sich feiern lassen. Was für eine coole Geste! Und was für ein Unterschied zu dem, was Vorbands, Support Acts oder Guests sonst immer wieder erleben: als gerade so eben geduldete Lückenfüller, die mit schlechtem Sound und mieser Behandlung abgespeist werden. Hier hat einer Stil und kann den jungen Kollegen Jubel gönnen. Bernd Römer ist es, der Gitarrist von Karat. Im Jahr 1987 ein echter Star. Dass Karat im Westen auftreten darf, zeigt ihren Rang in der DDR. Aber auch in der Bundesrepublik ist die Rockgruppe berühmt. Was für eine Chance also für diese junge Band aus dem Wendland, die das Publikum beim Gartower Seefest anheizen soll, wenige Hundert Meter von der innerdeutschen Grenze entfernt. Ihr Name: Capability. Ihr Sänger und Frontmann: Christian Lammers. Als die Musiker nach der Zugabe von der Bühne gehen, sind sie die Helden des Landkreises. Fünfundvierzig Minuten, die einen Unterschied machen.

Dass Christian Sänger ist, überrascht niemanden, der ihn von klein auf erlebt hat. Er singt, wann immer es irgendwie geht. Wenn die Mutter um halb sechs morgens zur Arbeit aufbricht, stromert er draußen rum und singt, was gerade sein Lieblingslied ist: *Der Junge*

KAPITEL XIII

mit der Mundharmonika oder *Blau blüht der Enzian*. Was immer er gerade mit dem Vater bei Dieter Thomas Heck in der *ZDF-Hitparade* gehört hat. Bis die tägliche Matinee eines Morgens ein abruptes Ende findet.

„Du kannst jetzt noch nicht raus", verkündet die Mutter.

„Warum, Mama?"

„Die Nachbarn haben angerufen. Die sagen, sie mögen dich echt gerne, du bist ja auch ein Lieber – aber du singst immer so laut. Auch unter ihrem Schlafzimmerfenster. Und dann können sie nicht mehr schlafen." Fortan muss er drinnen bleiben, bis es zum Kindergarten und später in die Schule geht.

Es sind sehr einfache Verhältnisse, in die Christian 1967 als drittes Kind nach zwei älteren Schwestern hineingeboren wird. Die Mutter Arbeiterin bei Conti, der Vater gelernter Maurer, aber wegen schweren Rheumas in Frührente. An Geld mangelt es zwar – ein Auto gibt es nicht, ebenso wenig wie Urlaubsreisen –, nicht jedoch an Zuwendung . „Meine Mutter hat immer versucht, uns jeden Wunsch zu erfüllen. Ich hatte eine schöne Kindheit", resümiert er heute.

Wenn nur die Schule nicht wäre. Christian gehört zu den „Böse Hand"-Kindern. Mit dieser Bezeichnung werden in diesen Jahren Linkshänder diskriminiert. Man schnürt ihnen zwar nicht mehr, wie noch bis in die 60er hinein, die linke Hand auf den Rücken oder nötigt sie, links einen Fäustling überzuziehen, trotzdem werden sie mit aller Macht von der linken auf die rechte Hand umgeschult. Mit verheerenden Folgen: „Mit fünf kam ich in die Schule, weil die Kindergärtnerin das für geboten hielt, und mit sieben war ich Legastheniker." Der Förderunterricht – eine Demütigung. Die Lehrerin gibt Anweisung: „Wir machen jetzt Mathe-

Unterricht. Hier, schreibt das mal." Christian fragt: „Frau Hagemann, kann ich Ihnen die Ergebnisse sagen? Ich weiß sie ja, aber ich kann sie nicht aufschreiben." Er darf nicht. „Du schreibst das jetzt auf! Und wenn du das nicht hinkriegst, gibt es eine schlechte Note!" Solche Wunden in einer Kinderseele heilen nur sehr, sehr langsam. Und sie legen eine Last aufs Leben, an der man auch als Erwachsener noch lange trägt.

Von der achten Klasse an geht es besser. Christian hat sich eine Druckschrift draufgeschafft, die ihm leichter von der Hand geht. Jetzt bekommt er gute Zeugnisse. Aber dem Rat der Klassenlehrerin, von der Haupt- auf die Realschule zu wechseln, will er nicht folgen. Bitte keine Schule mehr! Die älteste Schwester ist schließlich Beamtin bei der Post – wenn er da rankäme, das wär's doch! Mit vierzehn Jahren besteht er den Aufnahmetest, und damit ist die Kindheit beendet. Frühmorgens um 5.45 Uhr besteigt er den Bus nach Uelzen, abends geht es wieder zurück. „Aber meine Eltern dachten: Wir haben's geschafft, der Junge wird Beamter! Jetzt ist alles gut!"

Zeitgleich beginnt Christians Karriere als Musiker: Singen zur Gitarre in Jugendzentren, Gründung der Band Capability. Die heizt nicht nur für Karat, sondern auch für Udo Lindenberg und Fury in the Slaughterhouse das Publikum an. Barny steigt ein. Aus Capability wird die Band Jesse James and the perfumed people. Helmut Grabow stößt dazu. Schon der zweite Meiselgeier. Der Landkreis ist klein. „Das merkte man auch an den Gesprächen", erinnert sich Christian. „Aber das Thema Meiselgeier schien mir abgehakt." Jesse James gewinnt den Bandwettbewerb *Local Heroes* (der heute immer noch ausgetragen wird).

1992, nach zehn Jahren, ist vor allem der Job bei der Post abgehakt. „Ich habe es einfach nicht mehr ausgehalten", sagt Christian.

KAPITEL XIII

AUF DER BÜHNE IMMER VORNE
Singen zur Gitarre. In Jugendzentren beginnt die Karriere.

DER PETER FRAMPTON DES WENDLANDS?
Mit seinen Bands feiert Christian frühe Erfolge – etwa im Vorprogramm von Udo, Karat oder Fury In The Slaughterhouse.

Er holt den Realschulabschluss und das Fach-Abi nach, will mit dem Studium beginnen. Aber dann stellt sich heraus, dass der Vater nicht mehr lange zu leben hat.

Wie ein Fluch hat sich die Prophezeiung eines Arztes auf sein Leben gelegt: „Herr Lammers, Sie werden keine sechzig." Mit Mitte zwanzig hört der Maurer diesen Satz, nachdem er auf einer Baustelle trotz Fieber weitergearbeitet, eine Infektion verschleppt und ein schweres Rheuma davongetragen hat. Mit großem Optimismus lässt Heinrich Lammers mehrere Operationen über sich ergehen, erträgt viele Krankenhausaufenthalte, bei denen er neue Gelenke bekommt, erkämpft sich mit enormer Tatkraft immer wieder seine Lebensfreude zurück. Bis zu seinem sechzigsten Lebensjahr – als ihn der Satz des Arztes einholt und alle Kraft erlischt. „Da hat er aufgegeben", erzählt der Sohn heute, und leise klingt in seiner Stimme noch die Fassungslosigkeit darüber, wie ein Arzt auf so dramatische Weise Schicksal spielen konnte. „Seine letzten drei Monate habe ich ihn gepflegt, solange meine Mutter, die für die Familie Geld verdienen musste, aus dem Haus war."

Was für ein herausfordernder, mutiger Schritt für Vater und Sohn, sich dieser Pflege vorbehaltlos hinzugeben. Der Schwerkranke liegt nur noch und ist in allem auf Hilfe angewiesen. Aber die beiden erleben eine neue Innigkeit in der Begegnung. Drei Monate nur, aber wie viel Nähe! Und Heinrich Lammers beginnt zu erzählen. Geschichten, die der Sohn noch nie gehört hat: davon, wie der Vater als kleiner Junge einer Gruppe von Hitlerjungen den Nazi-Gruß verweigerte und dafür Prügel bezog; wie sehr er seinen Freund Henri Harms vermisste, den Wirt vom Kaputten Sofa. An seinem letzten Tag sagt er: „Lass uns noch eine rauchen." Sie rauchen gemeinsam. Beide wissen, es ist das letzte Mal. „Danach musste ich nach draußen, noch eine rauchen. Ich musste durchatmen", erzählt Christian. „Dann ging ich wieder rein. Er guckte mich an und starb in meinen Armen." Mit neunundfünfzig Jahren.

Für Christian, mittlerweile dreißig, beginnt eine Odyssee von Ausbildungen. Eine Spätfolge der Schulerfahrungen. Drei Semester Wirtschaftsrecht inmitten von jungen Kommilitonen, die jedes Klischee von Wirtschaftsrechtlern erfüllen; Umstieg auf das Studium der Sozialpädagogik, mit langem Praktikum, aber wieder ohne Abschluss; danach eine Umschulung zum Internet-Entwickler und Datenbankprogrammierer. Die Wende kommt mit vierzig – und Jana, seiner heutigen Frau. Die hat schon zwei Kinder. Seine Erkenntnis: „Oh, jetzt musst du aber Geld verdienen! Und kannst nicht als Nerd abends und nachts arbeiten." So fängt er im Malerbetrieb von Barny an, mit dem er seit 1989 zusammen Musik macht. Zuerst im Minijob, dann in Projekten, schließlich in Vollzeit. Er ist für den kaufmännischen Bereich des Betriebs zuständig.

So, wie er auch bei Meiselgeier die Fäden zusammenhält. Wie so vieles in seinem Leben hat es sich einfach ergeben. Zuerst sind die Leute, mit denen er heute seit fast fünfundzwanzig Jahren Musik macht, einfach nur Gäste im Probenraum im Haus seiner Eltern. Weil das Schlagzeug von Helmut und die Percussions von Barny da ohnehin stehen. „Als ich die Meiselgeier zum ersten Mal kennenlernte, waren das total nette, ganz normale Leute. Und als sie loslegten, hörte man: Die haben lange nicht zusammengespielt. Die Freude war groß, aber die Songs klangen so lala. Ich hab nicht gedacht, dass die irgendwann wieder Auftritte machen."

Machen sie dann aber doch. Irgendwann ist Christian der dirigierende Part dieser Truppe mit dem Anarcho-Gen in der DNA, der Frontmann, der das Gen nach Kräften einhegt. „Leute, die Meiselgeier von früher kannten, waren schon befremdet. Denen fehlte erst einmal das Wilde, das Unbändige, das Anarchische. Aber irgendwann drehte sich die Stimmung, und die Leute sagten: ‚Wow, das ist ja richtig gut!' Sie kamen auch zu mir und gaben mir Anerkennung für meinen Gesang. Das tat natürlich sehr gut." Drei Stunden Konzert und am Ende *Highway To Hell* – das muss eine Stimme erst einmal schaffen.

Disziplin hält sie in Form: tägliches Üben. Und Disziplin sortiert auch den Umgang mit der Substanz, ohne die ein Meiselgeier-Konzert früher nicht denkbar war: Alkohol. Christian, der seit seiner Kindheit unter Migräne leidet und fast täglich Medikamente nehmen muss, hat dazu eine strikte Haltung: „Wenn wir auf die Bühne gehen, dann hat der, der Eintritt bezahlt hat und da unten steht, das Recht auf einen perfekten Ablauf. Betrunken kann es den Musikern sehr viel Spaß machen, aber dem Publikum nicht. Das war schon immer meine Einstellung. Wenn du auf der Bühne nicht trinkst, hat die Musik eine ganz andere Qualität. Alkohol kostet einfach Konzentration – das ist wissenschaftlich erwiesen, das weiß jeder Musiker. Es geht vielleicht nur um Kleinigkeiten, aber in der Summe sind sie entscheidend. Erst recht bei einer Sieben-Mann-Combo. Nur so können wir das optimale Konzert abliefern. Das ist total wichtig für mich."

In der strikten Dramaturgie eines Meiselgeier-Konzerts bedeutet das: Nach *Soul Sacrifice* im zweiten Set wird ein Bier bestellt – für Volker Krombacher, für alle anderen Jever –, nach *Radar Love* wird getrunken. Mit der sanften Kraft von etwa dreizehn Gramm Alkohol in einer Flasche Pils geht es dann ins Finale.

Wobei sich eine der skurrilsten Geschichten der Band um einen Stoff namens „Jan Torf" dreht, Alkoholgehalt fünfunddreißig Prozent. „Der Kräuter-Liqueur aus dem Teufelsmoor", preist ihn die Werbung, „wird nach überlieferter Rezeptur aus erlesenen Kräutern und Wurzeln hergestellt. Die harmonische Geschmacks-

KAPITEL XIII

fülle entfaltet sich am besten bei Raumtemperatur." Nicht nur seine Geschmacksfülle, wahrlich nicht nur die. Aber bis es so weit ist, muss Meiselgeier noch legendäre Konzerte meistern.

KAPITEL XIV

> On a cloud of sound I drift in the night
> Any place it goes is right
> Goes far, flies near
> To the stars away from here
>
> Steppenwolf, *Magic Carpet Ride*

READY FOR TAKE OFF

Es ist ein eigenes Ding, wie Musiker altern. Manche tun das in Würde. Eric Clapton etwa. Wird grau, wird faltig, aber der Stil seiner Klamotten – exquisit und sehr lässig! Auf der Bühne ein Souverän. Oder der späte Johnny Cash. Schwarzes Hemd, schwarzer Anzug. Eine Ikone. Dagegen The Rattles, ältere Herren, die mit ihrer berufsjugendlichen Lederkluft aus der Zeit gefallen sind. Oder Ozzy Osbourne. Über ihn schrieb die *Süddeutsche Zeitung:* „Niedlich sieht er aus. Bunte, Liberace-opulente Ringe an den Fingern, die Augen waschbärdick mit Kajal umrandet und ein weit aufgerissenes Lachen im Gesicht. Insgesamt ein bisschen wie eine Siebenjährige, die Muttis Schmuck- und Schminkschatullen geplündert hat und jetzt verzückt betrachtet, welcher Schabernack sich damit treiben lässt."

Karat im Jahr 2005: irgendwie dazwischen. Die vielen Jahre auf Tour haben bei den Musikern ihre Spuren hinterlassen. Die Klamotten einen Tick zu jung, die langen Haare vom Coiffeur in Form und Farbe gehalten. Und es hat die Band schwer getroffen: Ihr Sänger und Frontmann Herbert Dreilich ist im Jahr zuvor an Krebs gestorben. Sein Sohn Claudius, dem Vater in Stimme und Ausstrahlung verblüffend ähnlich, hat übernommen. Ausgerechnet zur Jubiläumstour „30 Jahre Karat". Eine wuchtige Herausforderung, eine stattliche Bürde.

KAPITEL XIV

Schon wieder Karat. Diesmal in Dömitz, jenseits der Elbe, stimmungsvoll im Innenhof der Festung, in der einst der plattdeutsche Dichter Fritz Reuter einsitzen musste. Bernd Römer kann sich nicht mehr daran erinnern, dass er damals den jungen Christian Lammers so freundlich unterstützt hat. Aber dieses Mal sind es die Jungs vom Support Act, die sich verdient machen: Die Techniker von Karat haben ein spielentscheidendes Kabel nicht dabei – die Verbindung zwischen Bühne und Mischpult. Einfache Sache: ohne Multicore kein Sound. Nur gut, dass die Meiselgeier ihres holen können. Und sofort haben die Techniker die Musiker der Vorband richtig lieb. Sie danken es ihnen mit einem sauber abgemischten Klang aus der gewaltigen Anlage.

Und den braucht es auch. Denn in den ersten drei Reihen stehen die treuesten der Karat-Fans, und sie haben überhaupt keinen Bock auf diese hergelaufenen Wessis, die ihren Stars ja ohnehin nicht das Wasser reichen können. Vollkommen teilnahmslos nehmen sie zur Kenntnis, dass da eine Rockband auf die Bühne kommt und sich ins Zeug legt. Verschränkte Arme, leere Blicke, keine Regung, schon gar kein Applaus. „Die Leute wollten uns nicht", erzählt Christian. „Die Leute wollten Karat. Du ackerst dir einen ab, es ist noch hell – sowieso klasse für eine Rockband –, und in den ersten Reihen reagiert keiner. Aber ich habe gesagt: ‚Das ist uns jetzt scheißegal, wir spielen volle Kanne und gucken mal, ob wir sie trotzdem kriegen. Wir zeigen denen, wo der Hammer hängt!' Und das haben wir gemacht."

Bei den ersten drei Stücken passiert gar nichts. Genau vor den Musikern, die da ackern. Sehnsüchtig richten sie ihre Blicke nach weiter hinten, wo immerhin ein leichtes Schwingen im Publikum spürbar wird. Dort, wo sich nach den knüppelharten Anfangsminuten ein paar Hände rühren. Langsam, ganz langsam kommt

Bewegung in die ersten Reihen. Ein paar Köpfe beginnen zu wackeln. Die Leute tauen auf, auch die hartgesottenen. „Wir merkten", grinst Christian: „Jetzt kriegen wir sie!" Beim letzten Stück, *All Right Now*, jubeln alle, wirklich alle. Die Musiker von Karat werfen anerkennende Blicke aus dem Fenster auf die Bühne. Wie es offenbar ihre Art ist, gönnen sie der Vorband eine Zugabe. Was sie womöglich bereuen, als Andreas nach dem Umbau hinter die Bühne geht, wo die Musiker beider Bands fröhlich miteinander plaudern. „So, Männer", sagt er mit der ihm eigenen Coolness, „wir haben euch einen schönen Teppich gelegt, macht was draus." Als die Reaktion der Männer ausgesprochen sparsam ausfällt und auch die Meiselgeier betreten dreinschauen, merkt er: War wohl doch nicht so cool.

Der Abend hat noch eine Pointe parat. Als Christian während des Auftritts von Karat auf die Toilette geht, kommen zwei Typen rein. Durch die Kabinentür hört er sie sagen: „So toll ist das irgendwie nicht. Die erste Band – die war ja richtig geil!" Der volle Sound, bei Meiselgeier sahnemäßig, will sich beim Top Act einfach nicht so einstellen. Aber vielleicht war es auch der Kampfgeist der zunächst verschmähten Wessis, der sie so nach vorne gebracht hat?

Jetzt zahlt sich die neue Disziplin aus, in harten Kämpfen erarbeitet. Wer im Vorprogramm von echten Stars überzeugen will, muss sich auf deren Regeln einlassen. Profis ticken anders. Wenn sie überhaupt Nachsicht haben mit denjenigen, die sie als Hobby-Mucker, Amateure oder Wochenend-Krieger abwerten, dann hält sie sich in engen Grenzen. Der Unterschied zwischen berufstätigen Musikern und jenen, die ihr Geld woanders verdienen und in der Musik vor allem ihre Leidenschaft ausleben, liegt nicht unbedingt in der Brillanz auf dem Instrument. Es ist die Art, wie sie einen Gig abliefern. Präzise. Souverän. Routiniert. Manchmal vielleicht zu

KAPITEL XIV

AUSFLUG IN DIE GROSSE STADT
Das Hamburger *Logo* – in der Szene eine gute Adresse.

AGAINST ALL ODDS
Harter Job im Vorprogramm von Karat: widerwillige Fans überzeugen

routiniert. Und dann fasziniert auf einmal die brennende Leidenschaft der Amateure, die so viel stärker lodert als eine abgezockte Show der Profis. Wenn man pro Jahr nicht hundert Gigs spielt, sondern nur fünfzehn, fühlt sich die Sache mitunter frischer und lebendiger an.

Vorband und Top Act – eine heikle Beziehung. Wie sich überdeutlich zeigt, als Meiselgeier fürs Vorprogramm von Ulla Meinecke gebucht wird. Wer von den Lesern sie nicht mehr kennen sollte: eine tolle Sängerin, die vor allem in den 80ern mit deutschen Popsongs erfolgreich war. Ihr größter Hit, damals von Edo Zanki geschrieben: *Die Tänzerin*. Die Karriere seither: überschaubar. Auf jeden Fall aber überraschend, dass ausgerechnet eine laute Rockband mit Wurzeln in den 70ern den Abend für diese eher sanft intonierende Sängerin beginnen soll.

Christians erster Gedanke, als der Veranstalter, bekannt aus der Zusammenarbeit mit Karat, den Vorschlag an die Band heranträgt: Der hat für das Konzert in Dömitz zu wenig Karten verkauft und versucht jetzt, mit Meiselgeier noch ein paar Leute aus der Umgebung zu locken. „Ich kann mir nicht vorstellen, dass wir zu Ulla Meinecke passen", wendet er ein – „und das wird sie doch überhaupt nicht wollen!" Das ist der Vorteil der Amateure: Sie müssen nicht jeden Gig annehmen ... Aber der Veranstalter widerspricht: Nein, er habe mit dem Management von Ulla gesprochen, sie kenne die Promo-CD von Meiselgeier und finde die Sache klasse.

Der Tag des Auftritts beginnt mit einer unschönen Nachricht: Helmut ist durch einen Schwächeanfall niedergestreckt worden und kann auf keinen Fall erscheinen. In aller Eile wird ein *Friend* aktiviert: Bernd Roitzsch aus Hamburg. Ohne Nachfrage, ohne Zögern und ohne die Möglichkeit, noch zu proben, sagt er zu.

KAPITEL XIV

Gerade noch rechtzeitig für Soundcheck und Auftritt. Vorher steht der Aufbau auf der Agenda, und jetzt bewahrheitet sich die anfängliche Befürchtung: Ulla Meinecke hat nicht nur keine Ahnung davon, dass es eine Vorband gibt – sie ist auch überhaupt nicht einverstanden: weil sie mit ihrem ruhigen Programm und Meiselgeier mit Classic Rock doch wohl nicht zusammenpassen. Und der Veranstalter? Ist unterwegs und geht nicht ans Handy.

Als er schließlich doch auftaucht, haben sich die Musiker untereinander geeinigt: Ulla Meinecke tritt zuerst auf, gestaltet also den sanften Auftakt des Abends, danach soll richtig abgerockt werden. Ja, so sei das doch super, befindet der Verursacher des Ärgers und bekundet seine Vorfreude auf ein gelungenes Konzert. Was den Optimismus der Musiker dämpft: Das Catering ist saumäßig, das Publikum spärlich, und am Himmel über Dömitz ballen sich dunkle Wolken. Als hätten höhere Mächte einen Spaß an derben Späßen, wartet der Sturm, der sich da ankündigt, auf Meineckes Zugabe: ihren größten Hit *Die Tänzerin*. Sie singt:

Du bist die im Sturm
Du bist ein Kind auf dünnem Eis
Du schmeißt mit Liebe nur so um dich
Und immer triffst du mich

Wir fliegen beide durch die Nächte, segeln durch den Tag
Inzwischen bin ich sicher, du weißt, dass ich dich mag
Jetzt sitze ich hier neben dir, wir fahren durch die nasse Stadt
Komm, jetzt fahr'n wir deinen Tank leer!
Bis es ausgeregnet hat.

Leider fängt der Regen an, als der Auftritt von Ulla Meinecke beendet ist und die Bühne eigentlich für Meiselgeier bereitet werden soll. Wenn es noch schlimmer werde, sagen die Techniker, würden sie abbauen. Und es wird schlimmer. Ein veritabler Regensturm bricht los, das Publikum flüchtet, die Musiker versuchen so schnell wie möglich, die Instrumente in Sicherheit zu bringen. Andreas' Orgel bekommt trotzdem eine kräftige Dusche ab, ebenso Barnys Percussions. Aber irgendwann ist alles verstaut. Und jetzt geht's ums Geschäftliche.

Da ist ein Veranstalter sehr locker mit der Wahrheit umgegangen, hat sich um die Regelung der kritischen Situation herumgedrückt und sieht sich nun einer Band gegenüber, die seit zwölf Uhr in Aktion ist, eigens einen Schlagzeuger aus Hamburg engagiert und dem Headliner den Teil des Abends überlassen hat, an dem ein Auftritt noch möglich war. Diese Band fordert jetzt ihre Gage. „Aber ihr habt doch gar nicht gespielt", lautet seine Antwort. Keine gute Idee. Jetzt bekommt er den geballten Ärger zu spüren, der sich über den Tag angesammelt hat. Widerwillig rückt er das Geld schließlich heraus. Und erzählt seither im Landkreis, die Meiselgeier verlangten sogar Gage, wenn sie gar nicht aufträten.

„Hätte er doch einfach ein paar entschuldigende Worte gemurmelt", sagt Christian kopfschüttelnd. „Wir wären ihm auf jeden Fall entgegengekommen. Der hat an dem Abend ja richtig Miese gemacht. Aber erst lügen, sich dann verpissen und am Ende auch noch frech werden …?"

KAPITEL XV

> But if you want to leave, take good care
> Hope you make a lot of nice friends out there
> But just remember there's a lot of bad
> And beware
>
> Cat Stevens, *Wild World*

DER EINWANDERER

Wie landet man eigentlich in einer so abgelegenen Gegend wie dem Wendland? Weit entfernt von Autobahnen und halbwegs zügigen Bahnverbindungen? Knapp fünfzigtausend Wendländer gibt es im bevölkerungsärmsten Landkreis der ganzen Republik, und die meisten haben sich diesen Wohnort nicht ausgesucht. Sie wurden einfach hineingeboren. Wendländer zeichnet aus, was im weiteren Sinne auch den Friesen, Dithmarschern oder Fehmaranern nachgesagt wird: Sturheit, Widerborstigkeit, ein sehr trockener Humor und ein reservierter Umgang mit Zugereisten. Wer ins Wendland einwandert, den hat die Leidenschaft hierhergezogen – für weite Landschaften, intakte Dörfer, viel denkmalgeschütztes Fachwerk und jede Menge aufmüpfiger Kreativität. So einer ist Jochen Hahn-Röhrs.

Mit Provinz kennt er sich aus. In Unterfranken, kurz vor der Grenze zu Thüringen, ist Jochen 1956 als zweiter Sohn eines Kohlen- und Heizölhändlers zur Welt gekommen. Der Vater ein Antreiber, Choleriker, Stadtrat und Mercedes-Fahrer. „Ich hab gedacht, ich bin was Besseres", erzählt der Sohn grinsend. Er ist das bevorzugte Objekt des väterlichen Ehrgeizes. Was während der Schulzeit sehr anstrengend ist, aber auch Vorteile hat. Als The Who 1972 nach Frankfurt kommen, mietet der Vater einen Kleinbus, um den Sohn und vier Freunde dorthin zu fahren, zweieinhalb

KAPITEL XV

Stunden hin, zweieinhalb Stunden zurück. „Ein feiner Zug von ihm. Und für uns *die* Sensation. Wir lebten so bös' im Abseits, achtzig Kilometer von Würzburg entfernt. Aber dann The Who! Und Golden Earring als Vorband. Für uns Provinzjungs, die am Lagerfeuer Songs von Cat Stevens sangen, der absolute Hammer! Diese Lightshow. Irre! Auf einmal wurde eine Flasche Wein durchgereicht, und es roch nach Dope." Die Welt da draußen ist doch irgendwie verlockender ...

Jochen soll Arzt werden, will aber nicht. Zum Bund will er auch nicht. Als die Kriegsdienstverweigerung ansteht und dem Gutachter seines Verfahrens eine Durchfallquote von 98 Prozent nachgesagt wird, bekommt er kalte Füße. Er haut ab nach West-Berlin. Studiert erst Sozialarbeit, dann Psychologie. Wie es sich für die Zeit, die Szene und die Stadt gehört, wohnt er in einem WG-Haus. Als Musiker ist er ein eher Spätberufener – erst mit vierundzwanzig Jahren beginnt er mit Schlagzeugunterricht. Das Studium lässt ihm viel Zeit dafür. In einer Kreuzberger Percussiongruppe lernt er, Bongos und Congas nach Noten zu spielen. Er studiert Musiktherapie, voller Minderwertigkeitskomplexe inmitten studierter Musiker, aber auch voller Leidenschaft für die Lektionen am Klavier, Vibrafon und Schlagzeug.

1997 der Abschied von Berlin. Die Hochzeitsfeier mit Sigrid ist zugleich die Abschiedsparty von der Hauptstadt. Es spielt seine Band After Midlife („Ich hatte schon immer einen Hang zu Bands mit bescheuerten Namen", sagt er heute). Dann geht's ins Wendland. Darauf haben sich beide geeinigt, es ist der Kompromiss zwischen Franken und Rotenburg/Wümme. Dem Gerücht nach soll man dort spottbillig schöne Immobilien bekommen, und der Widerstand gegen das Atommülllager in Gorleben schafft den emotionalen Bezug zur Szene in Berlin. Eine Gelegenheit zum

JOCHENS LEIDENSCHAFT: SAMBA
So soll dieser kleine Löwe, das perfekte Fotomotiv eines
Adria-Urlaubs, tatsächlich geheißen haben.

KAPITEL XV

JOCHENS LEIDENSCHAFT: XAMBA
So hieß die Trommel-Truppe, die er nach seiner
Migration ins Wendland gründete.

Hauskauf bietet sich allerdings nicht sofort, daher mieten sie sich erst einmal ein, zunächst in Platenlaase, dann in Schreyahn, mitten im Rundling. „Ein sehr schönes Dorf, sehr nette Leute, Künstlerhof, anregender Ort. Als der Vermieter in unmittelbarer Nähe eine große Doppelhaushälfte anbot, war nach zehn Minuten klar – das kaufen wir!"

Natürlich braucht man am neuen Lebensmittelpunkt auch einen Job. „Ich dachte, arbeitslos zu sein, ist auch mal geil", gesteht Jochen, „und merkte: Das ist es nicht." Er bastelt sich einen Button mit der Aufschrift „Suche Job. Bin Psychologe" und geht auf sämtliche Veranstaltungen, auf denen er Personalverantwortliche vermutet. Es klappt. Ein Sprachheilkindergarten in Uelzen nimmt ihn unter Vertrag, erst mit zwölf Stunden pro Woche, dann sukzessive mehr. Und er braucht eine Band. Zunächst landet er in einem Chor, die Mitsänger schwer freakig drauf und lustbetont. Jochen singt vom Blatt. „Da habe ich das Wendland so richtig kennengelernt, das ganze Spektrum ..." Noch freakiger ist es in einer kleinen Trommelschule in Bergen, wo ein ehemaliger Berliner die Musik als Religion zelebriert. Ein lehrreiches Intermezzo: vierstimmige Trommelstücke – eine neue musikalische Ebene.

Und dann ist Jochen auf einmal Bandleader. Es fängt an mit seiner Anzeige im lokalen Veranstaltungsblatt *Zero*: „Möchte Percussiongruppe gründen. Wer hat Lust?" Vier Leute kommen, einer hat was drauf. Ein Anfang. Weil man für eine Samba-Gruppe aber mindestens zwanzig Leute braucht, verteilen sie Flugblätter bei einem Konzert in Hitzacker, wo tolle Sambistas spielen: „Auch das Wendland braucht eine Samba-Gruppe!" Zwanzig Leute melden sich, darunter Helmut und Barny. Der Name ist schnell gefunden: Xamba, Samba mit dem ortstypischen Lokalkolorit (für Ortsfremde: Das „X", gerne in leuchtendem Gelb, ist das im Landkreis allgegenwärtige Symbol für den Widerstand gegen den Castor und das Endlager in Gorleben).

Barny, gesundheitlich angeschlagen, ist schnell wieder weg, Helmut wird zur tragenden Kraft. „Ich habe mich gewundert", erzählt Jochen. „Ein so geiler Schlagzeuger, und der macht bei uns mit? Aber er war mit Leidenschaft dabei. Wir waren schließlich vierzig Leute, übten in Platenlaase im Kino – und wenn diese Truppe ins Rollen kam, war das ein totales Gänsehaut-Feeling! Sie zu leiten war ein Riesenspaß, ein erhebendes Gefühl, aber unglaublich anstrengend. Zu Anfang war ich nach so einer Probe komplett erledigt."

2004 macht Helmut ihm einen Antrag: ob Jochen bei Meiselgeier einsteigen wolle? Und ob er will! „Ich hatte die Band zuerst 2001 gehört, bei einer Party der Bürgerinitiative nach dem Castor-Transport. Ich dachte: Boah, was ist das denn für eine geile Band?! Die sind ja richtig gut! Und die sind von hier? Ich war echt beeindruckt. Als Helmut zu Xamba kam, sprach ich ihn darauf an. Und ein Jahr später war ich selbst dabei."

Das erste Konzert ist 2004 in Prisser, als Gastmusiker auf der KLP. Und dann gehört er dazu. Im Jahr danach das Vorprogramm von Karat – ein Highlight. „Riesenbühne, riesig viele Leute – und dann sind die voll auf uns abgefahren. Ich dachte schon: Hoffentlich können Karat das noch steigern. Konnten sie nicht so richtig. Verrückt. Die Leute kommen wegen Karat, und bei Meiselgeier flippen sie aus." Eine besondere Erfahrung. „Ich bin schüchtern. Vielleicht bin ich deswegen Psychologe geworden: aus dem Kontakt gehen, mehr beobachten. Aber Schüchternheit kann man auf der Bühne sehr gut loswerden! Da zeige ich mich, hüpfe herum – das ist Therapie für mich. Als schüchterner Mensch auf der Bühne die Sau rauslassen."

DER EINWANDERER

Wie fragil das ist, zeigt sich Jahre später. Nach einer besonders stressigen Phase im Job erleidet Jochen einen leichten Schlaganfall. Er lallt kurz, wird aber schnell und gut behandelt. Die Motorik der linken Hand hat gelitten, aber das ist, findet er, noch lange kein Grund, einen Auftritt abzusagen. Zumal einen, den er selbst organisiert hat. So steht er eine Woche nach dem Schlaganfall in Mützingen auf der Bühne. Im Publikum zwei Kollegen, zum Glück nicht der Chef, der seinem krankgeschriebenen Angestellten wohl eher nicht zugejubelt hätte. Was viel schlimmer ist: Als sein Solo bei *Soul Sacrifice* dran ist, versagt die linke Hand. „Sie gehorchte einfach nicht. Eine furchtbare Erfahrung. Aber ich konnte mich, wie immer, auf Barny verlassen. Ich gab ihm ein Zeichen, und er übernahm sofort."

Der Zwischenfall aktiviert seinen Widerstandsgeist. Getrieben von der Angst, seine Mitgliedschaft bei Meiselgeier könnte auf der Kippe stehen, hängt er sich rein. „Ich hatte wirklich Angst, dass es nicht mehr geht. Und ich wollte auf jeden Fall weiter dabeibleiben!" Ja, er ist der einzige Eingewanderte, der Einzige in einem akademischen Beruf, „ein studierter Herr", wie Volker manchmal spitz anmerkt, dazu Psychologe, was immer wieder für Sprüche sorgt. Aber jetzt merkt Jochen, wie sehr er an der Band hängt. Bei seinem Aufenthalt in einer Reha-Klinik zwischen Bremen und Hamburg organisiert er sich einen Kellerraum, in dem er üben kann. Jeden Tag mehrere Stunden. Nicht nur Kraft, sondern auch Koordination. Dann steht ein Auftritt an. Die Regel in der Klinik: Ab 22 Uhr ist Ausgangssperre, wer nicht da ist, kann rausgeschmissen werden. Wie soll ein Musiker so mit seiner Band einen Gig in Hamburg spielen, auch noch im angesagten *Downtown Bluesclub*? Indem er kreativ wird. Jochen guckt sich ein Fenster in einem Nebengebäude aus, das über Nacht offenbleiben kann. Dort will er bei seiner Rückkehr einsteigen.

KAPITEL XV

Get your motor runnin'. Nach der letzten Reha-Anwendung startet er mit dem Auto nach Hamburg. Es ist ein heißer Sommer. Im Club herrschen mindestens vierzig Grad. Um jeden Musiker bilden sich Pfützen auf dem Bühnenboden, so schwitzen sie. Aber es ist ein geiles Konzert – und Jochen unglaublich erleichtert, dass er seine Parts wieder spielen kann. Nachts gegen ein Uhr geht es zurück. Aber die Autobahn A1 ist gesperrt, über den direkten Weg geht es nicht zur Klinik. Irgendwo biegt er ab, landet auf einem Waldweg, strandet im Off, wo es schließlich nicht mehr weitergeht. Er muss umdrehen und eine andere Route finden. Morgens um vier Uhr kommt er endlich an der Klinik an. Das Fenster steht tatsächlich offen, er schlängelt sich hinein. „Als ich im Bett lag, wurde es schon hell. Der nächste Tag war hart, aber ich fühlte mich überglücklich. Ausgebüxt wie ein Sechzehnjähriger und die Sache durchgezogen! Mir war das total wichtig. Ich wollte unbedingt dabei sein und gucken, ob es geht. Und es ging."

Rock'n' Roll als Reha-Maßnahme. Warum gibt's das eigentlich nicht auf Rezept?

KAPITEL XVI

> Yeah, darlin' gonna make it happen
> Take the world in a love embrace
> Fire all of your guns at once
> And explode into space

Steppenwolf, *Born To Be Wild*

JIMI HENDRIX IN LAUTEM GEDENKEN

Wie weit trägt der Sound eines Gitarrensolos, der über einen Röhrenverstärker und eine große PA übers Land geschickt wird? Der Klang einer Hammondorgel und eines Schlagzeugs? Wie weit kann man einen Song wie *Jingo* hören, den treibenden Groove von Bongos und Congas, den Chor mit dem charakteristischen „Lo baa baa, Lo baa baa, Lo baa baa, Lo baa", das jeder kennt, der schon einmal Santana gehört hat? Je nach Größe der Boxen mehrere Hundert Meter oder gar Kilometer. Und noch ein bisschen weiter, sofern sich der Schall ungehindert ausbreiten kann, also keine Häuser im Weg stehen, keine Hügel und kein Wald. Auf der plattdeutschen Ebene der Insel Fehmarn also sehr weit. Auf jeden Fall weit genug, um die Gäste der angrenzenden Zeltplätze neugierig zu machen, die am Vortag des 1. September 2007 zum Jimi-Hendrix-Revival-Festival auf der Westseite der Insel angereist sind. Das Festival beginnt zwar erst morgen, aber hey, klingt das nicht ziemlich geil? Wollen wir uns das nicht mal aus der Nähe anhören?

Absperrungen gibt es nicht. Das Festival kostet keinen Eintritt. Die Bühne am Flügger Strand liegt noch im Dunkeln. Oben werkeln Techniker, checken die Musiker den Klang ihrer Instrumente, immer mal unterbrochen vom Soundmann, der nachregeln will. In den Türmen neben der Bühne hängen die Bühnenarbeiter

KAPITEL XVI

CHRISTIAN ROCKT DIE BÜHNE
Der erste Auftritt beim Jimi-Hendrix-Memorial
2007 ist der absolute Hammer.

SOOO VIELE LEUTE!
„Und ich verdaddel mich so richtig", erzählt Muckel lachend.
„Vor der Weltöffentlichkeit!"

in ihren Seilen und befestigen die Scheinwerfer. Die Songs, die erklingen, sind jedem, der sich zu einem Jimi-Hendrix-Memorial aufmacht, bestens vertraut. Aber wie heißt die Band, die da spielt? Meiselgeier? Was für'n Geier? Meiselgeier? Echt? Wie beknackt ist das denn! Aber die Musik ist richtig super!

Dann gibt der Lichtmixer das Kommando, die Strahler anzuwerfen, und das Licht flutet an. Wer von den Neugierigen, die sich da vor der Bühne versammelt haben, ein bisschen genauer hinschaut, sieht das Entsetzen im Gesicht des Bassisten. Er ringt nach Atem und um seine Fassung. Eben hat er noch an seiner Bierflasche genuckelt, entspannt die Saiten gezupft und gemütlich einen Soundcheck absolviert. Jetzt merkt er, dass ihm mehr als tausend Leute dabei zuschauen. Heilige Hölle, was für ein Schock!

Ein Festival in Erinnerung an Jimi Hendrix. Genau an diesem Ort hatte er am 6. September 1970 seinen letzten Auftritt, zwölf Tage, bevor er in London verstarb. Nur zwölf Jahre hat er überhaupt Gitarre gespielt, vier Jahre vor seinem Ende die erste von vier offiziellen LPs aufgenommen. Was für ein Leben, das einen traurigen, verschlossenen Jungen aus einer zerrütteten Familie zum bestbezahlten Rockstar der Welt macht. Einen stotternden Schulversager zur größten Legende der E-Gitarre! Der geradezu manisch Gitarre übt, um die Not nach dem Tod seiner Mutter zu verdrängen, die, zerstört vom Alkohol, stirbt, als er gerade mal sechzehn ist. Der seine Seelenqualen in magische Songs verwandelt, orgiastische Auftritte zelebriert, Gitarren auf der Bühne mit Benzin übergießt und anzündet, Amps und Boxen zertrümmert, Hotelzimmer verwüstet und trotzdem in der Gesellschaft von Freunden ein zurückhaltender und stiller Mann sein kann. Seine Wirkung auf die Musiker seiner Zeit: überwältigend. Eric Clapton, der in London als „Gott" verehrte Gitarrenvirtuose, verlässt schockiert

KAPITEL XVI

die Bühne, nachdem ihn Hendrix bei einer Jamsession förmlich an die Wand gespielt hat. "Is he always so fucking good?", fragt Clapton den Manager des Amerikaners.

Ein Sound wie aus einer anderen Welt. Rührend die Idee, dass diese brachialen Klänge in der Bronx von Dannenberg und am Elbdeich von Penkefitz aus den Radios tönen, einen jungen Gitarristen namens Muckel dazu bringen, eineinhalb Jahre nichts anderes zu spielen als die fünf Akkorde von *Hey Joe* (übrigens Hendrix' Hit, 1967 auf Platz 4 der englischen Charts), und seinen Kumpel Volker, endlos Barré-Akkorde zu üben, damit er endlich diesen chromatischen Aufgang spielen kann, mit dem *The Wind Cries Mary* beginnt. Eine innige Verbindung für ein ganzes Leben. „*The Wind Cries Mary* soll auf meiner Beerdigung gespielt werden", beschließt Volker. Jetzt spielen sie an dem Ort, an dem ihr Idol Jahrzehnte zuvor seinen letzten Auftritt hatte. Doch nun geht es erst einmal darum, bei den Besuchern einen möglichst lebendigen Eindruck zu hinterlassen.

JIMI HENDRIX IN LAUTEM GEDENKEN

Rainer Berg hat Meiselgeier nach Fehmarn geschleust. Er ist einer der Veteranen jenes legendären Festivals vom September 1970. „Ich ging noch zur Schule und fuhr mit meinem NSU Prinz los. In Metzingen blieb ich liegen, ließ die Karre stehen und kam per Anhalter schließlich auf Fehmarn an", erinnert er sich. Das Festival, das ein deutsches Woodstock werden soll und von Beate Uhse großzügig gesponsert wird, gerät zum Desaster. Es stürmt und regnet, mit Ketten und Messer bewaffnete Rocker bedrohen die Besucher, erpressen Geld von den Veranstaltern, Bands wie Procol Harum, Ten Years After und John Mayall sagen ab. Auch der Auftritt von Jimi Hendrix selbst, der kurz darauf, am 18. September, verstirbt, ist wahrlich keiner seiner besten. Die zurückliegenden Monate hat er praktisch im permanenten Drogendelirium zugebracht, ein paar Tage zuvor ist er bei einem Konzert in Dänemark nach wenigen Minuten zusammengebrochen. Hier auf Fehmarn hält er immerhin durch, beeindruckt junge Besucher wie Rainer Berg nachhaltig und versöhnt sie mit einem Festival, das mit dem

KAPITEL XVI

Tod ihres Headliners zur Legende werden soll. Und damit zum Anlass, im Jahr 1995 zum fünfundzwanzigsten Jahrestag ein Revival zu feiern – das von da an jedes Jahr am ersten Septemberwochenende stattfinden wird. Nach einigen Jahren gehört Rainer Berg zur Crew, die das Festival organisiert. Weil er weiß, wie sehr sein Kumpel Muckel in den Songs von Hendrix aufgeht, tut er sein Bestes, Meiselgeier im Line Up zu platzieren.

2005, beim fünfzigsten Geburtstag seines Schwagers in einer Kneipe in Zernien, ist er wieder auf Meiselgeier gestoßen. „Ich hatte sie seit Ewigkeiten nicht gehört, aber ihre Mucke gefiel mir. Das war ganz gut" (aus Rainers Mund ist das ein hohes Lob). Deswegen kommt er im selben Jahr mit seiner Frau zum KLP-Konzert der Band auf Barnys Hof. Eine Art Beduinenzelt soll die Instrumente vor Regen schützen, eine ziemlich wilde Konstruktion von Eisenstangen hält die Plane. Als ein „Ausdruckstänzer", wie Rainer ihn nennt, sich an einer Stange festhalten will, rutscht die vom Betonsockel, der sie halten soll. Und zwar genau auf den großen Zeh von Rainers Frau. „Der sah natürlich übel aus, blutete stark – wir fuhren sofort ins Krankenhaus." Die Patientin verbringt Pfingsten im Hospital, der Mann fährt zurück zur Party. Was soll er auch sonst tun?

Der Band stecken der Schock und das schlechte Gewissen über die schlampige Absicherung der Bühne richtig in den Knochen. Als Wiedergutmachung bieten sie ein Benefizkonzert für die Geschädigte an. Mehr als hundert Leute kommen, die Meiselgeier rocken prächtig ab, und bei Rainer reift die Idee heran: Sollten sie nicht auch auf dem Fehmarn-Festival spielen? Der erste Versuch, den Präsidenten des Organisationskomitees davon zu überzeugen, geht gründlich schief. Jörg Krohn, genannt „J.J.", hört den Namen und sagt ohne Zögern: „Scheißname, kannst du schon vergessen! Die brauchen hier gar nicht herzukommen." Jedes

Weiterreden ist sinnlos, weiß Rainer. „Der Fehmaraner ist genauso stur wie der Wendländer."

Aber er lässt trotzdem nicht locker. Während der Fußball-WM organisiert er die nächste Party mit Meiselgeier. Wieder volle Hütte, und dieses Mal ein paar Fehmaraner unter den Gästen. Ein paar Verbündete können ja nicht schaden. Die Wende bringt ein Konzertmitschnitt auf CD. Die spielt Rainer, als er im Auto mit J.J. unterwegs ist. „Oh, das is' ja gut", sagt er, „wer ist denn das?" Rainer beißt sich auf die Zunge, um nicht mit der Wahrheit herauszuplatzen. „Ich glaub', die heißen Uwe and Friends oder so." Er gibt ihm eine CD, auf die er mit Filzstift das Pseudonym geschrieben hat. Worauf J.J. ihn auffordert: „Da musste mal 'n Kontakt herstellen." Als etwas später die Wahrheit rauskommt, macht der Präsident einen letzten Versuch: „Ach du scheiße, dann müssen wir die umbenennen!" Aber damit kommt er nicht durch. Und Meiselgeier darf auf ein legendäres Festival. Mit bis zu fünfzehntausend Besuchern. Und mit großen Namen der Bluesrock-Szene: Randy Hansen, berühmt für seinen Hendrix-Tribute, Erja Lyytinen aus Finnland, Michael Vdelli aus Australien, Henrik Freischlader, ein Upcoming Star.

Die Begrüßung auf dem Gelände ist ziemlich robust. Die Band hat gerade ihren Bus mit dem Equipment abgestellt, da bölkt ein kleiner drahtiger Kerl: „Wenn ihr nicht sofort das Auto da wegnehmt, dann fahr ich den weg." Worauf Christian in der Sekunde zurückschießt: „Du fasst das Ding noch nicht mal an. Das überlebst du nicht." So haben er und der Präsident der Festival-Organisatoren schon mal Freundschaft geschlossen. Und in dieser Stimmung geht es weiter. Denn Rainer Berg hat in die Wege geleitet, dass die Meiselgeier den Soundcheck machen, als Band mit den meisten Mitgliedern und Percussions. Aber nun gibt es eine lokale Band, die das übernehmen will. „Da war richtig Zoff – und wir als die Hinterwäldler haben nicht gekuscht", freut sich Muckel heute immer noch. „Christian vorweg! Ich auch! Ich hatte mich ja auf den Soundcheck gefreut. Barny kann sich ja auch ziemlich gut aufregen. Alle haben rumgemotzt. Und wir haben uns durchgesetzt." Ein wichtiger Sieg. Denn der Soundcheck wird legendär, schon fast zu einem Auftritt. *„Soul Sacrifice* mit unserer ganzen Power", schwärmt Christian. Muckel stimmt ein. „Wir haben richtig Gas gegeben, und die Leute sind ausgeflippt. Das ist so typisch Meiselgeier – wir sind frech, und daraus entwickelt sich etwas Interessantes."

Am nächsten Tag, als um 15 Uhr der richtige Gig dran ist, hat sich in den Camps rumgesprochen, dass man diese Band mit dem seltsamen Namen auf keinen Fall verpassen sollte. So stehen da nicht nur tausend Leute wie sonst um diese Uhrzeit, sondern an die viertausend. Reichlich Gelegenheit für Volker, seine Angst in den Griff zu bekommen. „Da ist mir sowas von die Muffe gegangen", erzählt er, und das Zittern klingt nach. Aber wer sich verhaut, ist Muckel. Bei *Samba Pa Ti* langt er so richtig daneben. „Und das vor der Weltöffentlichkeit …"

Er sinniert. „Ich erlebte mich mit meinen Starallüren. Diese Riesenbühne auf einer großen Wiese, der Bereich für Musiker abgezäunt, mehrere Wohnwagen, in denen die VIPs residieren. Das ist wirklich etwas Besonderes. Vor so vielen Leuten bekommst du eine enorme Bedeutung. Diese Dusche mit Glückshormonen – danach kann man schon süchtig werden." Auch der zurückhaltende Jochen erlebt diesen Flash. „Ein riesiges Ereignis, vor dieser riesigen Menge. Diese begeisterten Gesichter vorne – da fühlt man sich erhöht! Vorher dachte ich: Okay, ich hab ein schönes Hobby als Musiker. Aber da dachte ich dann: Boah, sind wir aber toll! Das macht was mit dir. Da schwebst du eine Weile auf Wolke sieben.

Ich bin oft angespannt vor Konzerten, aber da fiel alle Anspannung von mir ab, da war ich locker und frei und guckte die anderen an, alle lächelten – wir wussten: Das läuft super! Wir hatten unheimlich viel Platz. Wir hatten vier Congas. Wir haben gegrinst, rumgetanzt und Musik gemacht. Das war ein richtiger Flow! Das Allergeilste!"

Die Euphorie nach dem spektakulären Erfolg trägt die Band durch die nächste Zeit. Auf Einladung von Freunden von Gerdchen machen die Musiker einen Ausflug nach Gamburg an der Tauber, unweit von Würzburg. Diesmal mit Frauen, eine Art wendländische Klassenfahrt. „Schon die Fahrt dorthin war der Hammer", lacht Jochen in seliger Erinnerung. Er freut sich, mal wieder nach Franken zu kommen. „Nach einer halben Stunde die erste Pause. Da kamen die Schinkenbrote aus der Provianttasche. Bei Würzburg standen wir drei Stunden im Stau. Ich hatte gewarnt, ich kenn' ja die Ecke, aber über Landstraße wollten die anderen einfach nicht fahren. So war viel Zeit, mit Barny zu sprechen, fast sechs Stunden lang. Das war auch etwas Besonderes."

Am nächsten Tag das Konzert. Das Plakat dafür könnte auch aus den 70ern stammen. Angekündigt ist der „1. Rock- und Beatabend in Gamburg", mit Meiselgeier, der „Kultband aus dem Wendland" (wissen Franken eigentlich, wo das ist?). „Das Beste aus den rockigen '70igern" soll es ab 20 Uhr geben, und all das in der Bürgermeister-Alois-Lang-Halle. Als die Band dort ankommt, ist der Parkplatz fast leer. „Oh Scheiße, dachten wir" erzählt Christian, „ist wohl nicht so richtig viel los!" Was für ein Irrtum! Denn die Halle ist voll, die Leute sind ohne Auto da, um richtig zu feiern. Was ein großes Missverständnis hätte sein können, eskaliert zu einem irrwitzigen Konzert. „Wir hatten zwei Töne gespielt", erinnert sich Jochen, „und schon war die Tanzfläche voll! Meine

KAPITEL XVI

Franken haben da so was von abgerockt! Das hatte ich vorher noch nicht erlebt. Und in der Pause habe ich mit den Fränkinnen geredet, natürlich auf Fränkisch. Das war richtig Heimat. Und ich war stolz auf meine Landsleute, dass die eine Band aus dem hohen Norden so willkommen heißen und ausrasten."

Es ist eine besondere Zeit. Die Band frisch und voller Elan, die Abende im Probenraum mit endlosen Gesprächen bis in die Nacht „eine Art Honeymoon", wie Jochen sagt, die Konzerte souverän. Das Konzept, das die sieben Musiker miteinander ausgekämpft haben, der straffe Sound, die neue Professionalität, der Zusammenhalt, jetzt mit Christian als echtem Meiselgeier: All das trägt und macht die Band immer populärer. Der Radiosender Radio ZuSa in Lüneburg präsentiert die Musiker sogar mit der eigenen Sendereihe „Meiselgeier rockt". Über zwölf Folgen können sie ihre Musik am Mikro präsentieren, von den ganz alten Helden wie Rory Gallagher und Rare Earth bis hin, ja, zu Rammstein.

Sie spielen bei zwei Weihnachtsfeiern der Fehmarn-Festivalgroup. Sogar zu J.J. entspannt sich das Verhältnis. Und geradezu zwangsläufig bekommen sie die Einladung, auf dem großen Jubiläumsfestival zu spielen. Vierzig Jahre nach dem Event mit Jimi Hendrix. Das diesmal nicht nur ein, sondern zwei Tage dauern soll. Wolf Maahn tritt auf. Und Meiselgeier ist der Headliner am Freitag!

„Ich hatte einen Plan, wie wir unser Programm dort aufstellen", erzählt Christian. „Ich sagte zu den anderen: ‚Alle anderen Bands, die dort auftreten, sind gitarrenlastig. Wenn wir uns abheben wollen, müssen wir auf unsere Percussions setzen.' Und dann haben wir *Jingo* neu arrangiert. Wir begannen nur mit Helmut, Barny und Jochen. Sie waren zuerst alleine auf der Bühne. Erst nach einer Weile kamen wir anderen hinterher! Wir hatten von der ersten Sekunde an die volle Aufmerksamkeit – und die

JIMI HENDRIX IN LAUTEM GEDENKEN

Leute waren hin und weg! Sie hatten vorher drei Stunden lang fast nur Gitarren gehört. Aber auf einmal war da ein ganz anderer Sound über dem Festivalgelände! Das Publikum war richtig dankbar." Und begeistert ist es auch. Denn da trommeln drei Musiker, die richtig was draufhaben. Das muss man sich auch erst einmal trauen: gleich im ersten Song Percussion-Soli von vier Minuten anzubieten und erst dann der riesigen Menge mit der vollen Power von sieben Leuten einzuheizen: *All Along The Watchtower* als zweites Stück. Und klingt *Hey Joe,* tausendfach gespielt, nicht irgendwie inspirierter?

Nur Volker muss wieder leiden. Auftreten vor zehntausend Leuten? „Leude, Leude, Leude …" Wie soll er das denn überstehen? Nur gut, dass Christian und Muckel die Aufmerksamkeit auf sich ziehen, dahinter Barny im roten Overall, der wie ein wilder Magier auf seine Congas eindrischt. Schwarz gekleidet steht Volker vor der schwarzen, standesgemäß mannshohen Bassbox. Gut getarnt, wenn nur die weißen Haare nicht so leuchteten. Aber warum tarnen? Er macht ja einen prima Job. Am Ende, als die letzten Töne von *Highway To Hell* aus der Anlage dröhnen, hüpft er erleichtert zu Muckel in die Mitte der Bühne. Für einen Moment zelebrieren sie die klassische Rocker-Pose. Breitbeinig, das Becken leicht vorgeschoben, den Hals seines Basses parallel zu Muckels Gitarre ausgerichtet, steht Volker vor dem jubelnden Publikum.

Geht doch. Und jetzt: ausatmen.

KAPITEL XVII

**This is the craziest party
That there ever could be
Oh, don't turn on the light
'Cause I don't want to see**

Three Dog Night,
Mama Told Me (Not To Come)

DAS BÄRCHEN

Der Moment, in dem die Hammond einsetzt, ist magisch. Wir sehen die Bühne des Fehmarn-Open-Air vor uns, und Barny, Jochen und Helmut haben mit ihren Trommeln, Congas und Bongos ein virtuoses Geflecht von Rhythmen gewoben, dem sich keiner im Publikum entziehen kann. Dann setzen der Bass und die Gitarren ein. Das Stück nimmt Fahrt auf, bekommt mehr Wucht. Aber plötzlich ist da dieser schwebende Akkord, der alles zusammenbindet, der dem Klang seinen Halt und seine Farbe gibt. Zart und zupackend zugleich. Andreas hat als Letzter eingesetzt, um *Jingo* zu intonieren. Und auf einmal ist da dieser unnachahmliche Sound, wenn ein Motor mehr als neunzig Tonräder antreibt, ein elektromagnetischer Tonabnehmer die Sinuskurven, die sie erzeugen, in Strom verwandelt, die verschiedenen Chöre der Orgel sie zu ihrem charakteristischen Klang formen und das Ganze schließlich über einen rotierenden Lautsprecher mit der Musik der Band verschmilzt. Das geschieht, wenn eine Hammond einsetzt. Ja, Laien wie wir können nicht wirklich verstehen, was abläuft, wenn diese Orgel ins Rollen kommt. Wir müssen nur so viel wissen: Die Hammond ist ein Wunderwerk des Instrumentenbaus. Ein Monstrum aus der analogen Zeit, das vier kräftige Leute schleppen müssen. Eine Ikone der Rockmusik. Sie klingt unfassbar geil. Deep Purple oder Santana ohne Hammond? Lächerlich! Aber Meiselgeier ohne Hammond? Unvorstellbar!

KAPITEL XVII

FÜR 40 MARK REINE GLÜCKSELIGKEIT
Andreas' erste Gitarre stammt aus dem Pfandleihhaus.
Als er sie von den Eltern bekommt, fließen Tränen.

DAS BÄRCHEN

Andreas Sauck, genannt Bärchen, ist es, der auf der Bühne hinter dieser klingenden Burg verschwindet. Dass er zur Musik gefunden hat, liegt in der Familie. Schon sein Vater träumt von einem Cellostudium, aber das wird schnell unterbunden. „Nee, nee Jung", gebietet dessen Vater, „du schast ers' mol seih'n, wo Käs und Brod herkümmt." So muss er nach der Volksschule als Knecht zum Bauern, kommt nach achtzehn Jahren Knechtschaft zur Reichsbahn und wird schließlich Beamter bei der Bundesbahn.

Andreas wird 1952 als jüngstes von fünf Kindern in Penkefitz geboren, in dem Haus, in dem er heute immer noch lebt. Eine musikalische Familie. Er ist vier Jahre alt, als ein Klavier angeschafft wird und die Geschwister Unterricht bekommen. Ein echter Luxus am Rande des Dorfes, wo es erst Mitte der 50er fließend Wasser gibt und noch deutlich später eine Klärgrube. Die Eltern bauen Spargel an, um das karge Gehalt aufzubessern, und wenn die anderen Kinder im Sommer zum Baden fahren, steht Bärchen am Deich und harkt Heu, um die drei Ziegen zu versorgen, die Milch liefern. Im Spätherbst leiht sich der Vater zwei „Belgier" aus, eindrucksvolle Ackergäule, mit denen er im Novembernebel den Acker auf dem eigenen Grundstück umpflügt, zur Selbstversorgung der siebenköpfigen Familie

Ende der 50er kehrt bescheidener Wohlstand ein: ein Auto! Und für Andreas einige Zeit später: eine Gitarre. Er hat diesen denkwürdigen Tag mit Fieber auf dem Sofa am Kachelofen verbracht (das Privileg bei Krankheit), während seine Eltern einen Ausflug ins ferne Hamburg machen. Und dann legt ihm der Vater abends diese Gitarre, für vierzig Mark im Pfandhaus erstanden, auf die Bettdecke. Die reine Glückseligkeit. „Einer der schönsten Momente in meinem Leben", sagt Andreas heute. „Ich musste weinen." Nicht annähernd so erfreulich der Unterricht auf dem neuen Instrument. Der Lehrer bereits siebzig, sein Repertoire eine

KAPITEL XVII

Zumutung, selbst für Zehnjährige: *Auf du junger Wandersmann* und *Wenn alle Brünnlein fließen* muss er zupfen. Und beendet diesen einzigen Instrumentalunterricht nach kurzer Zeit. Von jetzt an geht es autodidaktisch weiter.

Hinten im Wald, unter den Birken, machen er und der drei Jahre jüngere Volker Musik. Nutzen Omo-Behälter und die Felge eines Schrottautos als Trommeln. Basteln sich Perücken aus Hanffasern und Papier, um die Pottschnitte zu verdecken, die so gar nicht nach Rockstar aussehen. Der Ältere bringt dem Jüngeren neue Akkorde auf der Gitarre bei. Und singt aus vollem Hals: „Over in the glory land" und „My baby does the hanky panky". Was er auch heute noch mit Hingabe vorführen kann.

Nach dem Volksschulabschluss in Dannenberg, wo er sich mit Barny und Muckel anfreundet, lernt er Starkstromelektriker beim regionalen Energieversorger, der Hastra. „Mich faszinierte es schon als Junge, wenn die Arbeiter bei Wind und Wetter die hohen Strommasten bestiegen. Ich bestand die Prüfung, wurde genommen und stand am 1. April 1968, gerade sechzehn geworden, mutterseelenallein in meiner acht Quadratmeter großen Kammer in Lüneburg, wo ich lernte." Hundertfünfzig Mark beträgt das Lehrlingsgehalt, und nach der ersten Lohntüte ist endlich eine Jeans drin. Auch wenn der Vater ihm eingeschärft hat: „Von jeder verdienten Mark musst du fünfzig Pfennig beiseitepacken." Das macht es nach fünfzehn Monaten Bundeswehr und dem Wiedereinstieg bei der Hastra leichter, sich mit dem richtigen Equipment für die Musikerkarriere auszustatten. Wir erinnern uns: zur Vorbereitung der ersten Meiselgeier-Session Basssaiten für die Gitarre zu kaufen (noch eine Fehlinvestition), danach aber für satte 1700 Mark die erste richtige Orgel (die „fiese Farfisa"), um den Bands nachzueifern, die Bärchens Leidenschaft sind. Er schreibt eigene

FINDIG UND SPARSAM ...
Wer von jeder Mark fünfzig Pfennig zurücklegt, kann sich auch teure Musikinstrumente leisten.

... UND PRAKTISCH VERANLAGT
Hier avanciert ein Pfannen-Spritzschutz zum Filter für Popp-Geräusche bei Gesangsaufnahmen.

KAPITEL XVII

Songs für die Band, *Woman* oder *This Is The Land,* inspiriert von Deep Purple, Frumpy, Santana, Uriah Heep (ja, und von Chaos Hydraulik). Von Songs wie *Born To Move* von Creedence Clearwater Revival und *Searchin'* der norwegischen Band Titanic. Jetzt fehlt nur noch dieser schwebende Sound der Hammond, dieses Flirren aus dem rotierenden Lautsprecher, den Eingeweihte als „Leslie" kennen.

Beim Altstadtfest in Hannover erlebt Bärchen diesen Lautsprecher zuerst. Meiselgeier spielt in einem brechend vollen Zelt im Anschluss an die Hannoveraner Band Madison Dyke – „das war 1975, das tollste Konzert unserer ersten Phase!" –, und deren Keyboarder besitzt so ein Teil. Schon am Montag darauf setzt Bärchen sein Erspartes ein und bestellt sich auch ein Leslie. An eine Hammond allerdings ist finanziell überhaupt nicht zu denken!

Sie wird vom kommenden Jahr an aber auch erst einmal gar nicht gebraucht. Denn nach der Auflösung von Meiselgeier steigt Andreas wieder auf Bass um, macht Tanzmucke und singt. Songs von Peter Maffay oder Roland Kaiser sind wie für seine Stimme geschrieben. Und er arbeitet als DJ, im Urlaub auch auf Kreuzfahrtschiffen wie der „Maxim Gorki". Dreizehnmal geht's auf große Fahrt, einmal sogar mit einem Ausflug zu den Pyramiden von Gizeh.

Die Jagd nach dem perfekten Sound beginnt aufs Neue, als die Meiselgeier nach dem Klassentreffen im Jahr 1995 wieder zusammenfinden. Die „Tisch-Hupe", die Volker zur ersten Session mitbringt (so verunglimpfen Musiker, die etwas auf sich halten, Keyboards für Anfänger), kann es auf keinen Fall bleiben. „Das wusste ich gleich", erzählt Andreas: „Wenn wir weitermachen, brauche ich den Hammond-Sound. Und nach verschiedenen Versuchen mit anderen Keyboards, die alle nicht so richtig überzeugten, fand ich eine Hammond bei Ebay." Dreitausend Euro soll sie kosten. Wie gut, wenn man eine mitfühlende Frau hat, die diese Sehnsucht schon kennt: „Mensch, dann kauf sie dir."

Aber wie soll dieses Monstrum, hundertachtzig Kilo schwer, zu Auftritten transportiert werden? Hier kommt der findige Tüftler, der sich einst einen Spannungsregler zum Einstellen der Tonhöhe gebaut hat, zum Einsatz. Er lässt das Unterteil vom Tischler absägen, baut den Vorverstärker an anderer Stelle ein und kann so das Gewicht auf hundertzehn Kilo reduzieren. Immer noch eine Zumutung für die anderen Meiselgeier. Aber für diesen Sound ...? „Du hast einfach dieses ganz spezielle Hammond-Feeling", schwärmt Andreas, „das gibt dir keine andere Orgel."

Die Phase, in der die Band mit Christian um ihren neuen Sound ringt, ist ein Einschnitt. Nicht nur übernimmt der jetzt die Rolle des Sängers, der neue Kapellmeister greift auch disziplinarisch durch. Bärchen Andreas, der so gerne vor sich hin brummelt, bekommt nur halb scherzhaft die Anweisung, bei einem Auftritt höchstens sechsmal „Scheiße" zu sagen. Christian erzählt: „Er brummelte, motzte und fluchte beim Aufbauen permanent vor sich hin. Irgendwann bin ich zu ihm hin und sagte: ‚Andreas, halt doch mal die Schnauze! Geh ins Auto, geh auf Toilette und motz da rum. Aber nicht auf der Bühne!'"

Wer lässt sich das schon gerne sagen, und dann auch noch von jemandem, der fünfzehn Jahre jünger ist? Andererseits: Was würde es bringen, einen richtigen Zoff vom Zaun zu brechen, am Ende mit einem Zerwürfnis? Andreas ist so bodenständig, wie einer nur sein kann. Er wohnt in dem Haus, in dem er geboren wurde. Er hat sein ganzes Berufsleben in einem Unternehmen zugebracht. Und er hat die Erziehungsmaxime seines Vaters verinnerlicht: Alles, was du tust, hat Folgen. Also pass auf, was du tust. „Das hat mein

KAPITEL XVII

Leben geprägt, deswegen bin ich ein vorsichtiger Mensch. Die anderen Meiselgeier stolpern in etwas rein, ich nicht."

Manchmal freilich hat es auch unerwartet positive Folgen, wenn man stolpert. Wie bei jenem Pfingstkonzert auf der KLP, bei der Rainers Bergs Frau der Zeltpfosten den Zeh zerquetscht. Andreas hat die Gefahr sofort erkannt, als das Gestänge auf hochkant gestellten Betonsteinen gelagert wird.

„Das wollt ihr doch wohl nicht so lassen?!"

„Wieso? Das ist gut so!"

„Wenn einer dagegenläuft, kracht das zusammen."

„Ach, du nu wieder. Du motzt ja eh' immer rum. Das bleibt jetzt so."

Das Ende der Geschichte kennen wir: der äußerst schmerzhafte Unfall, das Wiedergutmachungskonzert, die Einladung nach Fehmarn. Andreas erlebt den größten Glücksflash seiner Musikerkarriere: „Wir als kleine Provinzband auf dieser riesigen Bühne! Die Atmosphäre, so viele Leute, irre. Nach dem Konzert sind wir dann, auch zum Runterkommen, zum Denkmal von Jimi Hendrix gepilgert, über den Deich und am Strand zurück. Das ergab sich einfach. Und das brauchte ich auch: Ich war so mit Adrenalin und Glückshormonen geladen! Das hielt bestimmt zwei Stunden an. War das ein geiles Gefühl! Das habe ich in meinem Leben noch nie so erlebt!"

TRAUM JEDES KEYBOARDERS, ALBTRAUM JEDES ROADIES
Eine echte Hammond, ein echter Leslie – was für ein geiler Sound! Aber was für eine Plackerei beim Auf- und Abbau.

KAPITEL XVIII

> Mush-a ring dum-a do dum-a da
> Whack for my daddy-o
> Whack for my daddy-o
> There's whiskey in the jar
>
> Thin Lizzy, *Whiskey In The Jar*

ENDLICH ROCKSTAR!

Es ist kein schönes Bild. Männer jenseits der fünfzig hängen in ihren Stühlen rund um einen Frühstückstisch, die Augen klein und blutunterlaufen, die Gesichter bleich oder ungesund gerötet. Für eine Gruppe kerniger Typen sprechen sie seltsam leise, und mancher von ihnen hält sich immer mal den Kopf. Die Nachwirkungen einer Heimsuchung namens „Jan Torf, feiner Kräuter-Liqueur". Wie wir bereits wissen: Von der Brennerei wird er gepriesen für seine harmonische Geschmacksfülle, begründet in einer alten Rezeptur aus erlesenen Kräutern und Wurzeln. Was die Männer am Tisch im Moment aber viel intensiver spüren, ist der Alkoholgehalt von fünfunddreißig Prozent. „Dieser Schnaps ist das konzentrierte Böse", stöhnt Volker.

In die trübe Gruppe kommt Bewegung, als ein jüngerer Mann auftritt, geradezu provozierend frisch und tatkräftig. Christian. Er schnaubt empört. „Welcher Idiot hat heute Nacht einen Fernseher aus dem Fenster geschmissen?"

Volker, entsetzt: „Ich war das nicht!"

„Ey, ihr müsst da jetzt hoch, ihr müsst das klären!"

Volkers Verzweiflung eskaliert. „Ich war das echt nicht, wirklich nicht! Wir haben vielleicht Scheiße gebaut, aber so was doch nicht!"

„Guck dir die Sauerei doch an!"

KAPITEL XVIII

Volkers Erinnerungen kämpfen sich langsam durch den Nebel, den Jan Torf hinterlassen hat. Haben wir nicht das Fenster aufgemacht? Ja, haben wir. Aber den Fernseher rausgeschmissen? „Ach, du meine Güte! So betrunken war ich doch gar nicht. Zeig mal!" Sein Gesicht ein Abbild des Elends: Was haben wir nur getan ...?

„Eigentlich war das immer meine Idee gewesen", grinst Muckel. „Einmal wie ein Rockstar einen Fernseher aus dem Fenster schmeißen. Das wussten natürlich alle. Und in dieser Location fühlten wir uns wirklich wie die Rockstars."

Die *Music Hall* in Worpswede. Eine Adresse. Hier spielen auch die Großen, Manfred Mann, Johnny Winter, John Mayall, Ten Years After. Meiselgeier ist eingeplant als Einheizer vor der Disco, und die Jungs sind bei ihrer Ankunft schwer beeindruckt. All die Fotos von früheren Konzerten der Stars an der Wand. Ein unglaublich herzlicher, gastfreundlicher Empfang. Ein tolles Catering. Nebenan das Vier-Sterne-Hotel. „Das erlebten wir zum ersten Mal", schwärmt Christian. „Die Veranstalter haben uns, die Provinzband, genauso verwöhnt, wie sie es mit all den Stars machen, die da auftreten", staunt Muckel. „Das war sensationell." Beim Soundcheck, rät Rainer Berg, sollen sie *Samba Pa Ti* spielen, um den Leuten vom Club zu zeigen, dass sie eine gute Band eingekauft haben.

Aber der Beweis vor Publikum lässt ohnehin nicht lange auf sich warten. Eigentlich als Appetithappen vor dem DJ gedacht, spielt Meiselgeier die Disco fast an die Wand. „Die Leute waren so unglaublich in Fahrt", rühmt Rainer Berg. Ein sensationelles Konzert vor sechshundert Leuten – die Band räumt ab. Der Saal tobt. Es ist der Beginn einer denkwürdigen Nacht.

Zuerst erleben wir Barny in verfänglicher Situation. Wie immer in seinen Overall gekleidet, hat er seine wichtigsten Utensilien in ein Köfferchen gepackt und sich aufgemacht von der *Music*

EIN GANZ BESONDERER COCKTAIL
Kräuterschnaps mit toten Fliegen, getrunken aus einer brennenden Nachttischlampe. Der Genießer: Muckel.

HIER SPIELEN DIE GROSSEN
Uriah Heep, Ten Years After – und Meiselgeier. Das Line-Up in der *Music Hall* von Worpswede.

KAPITEL XVIII

CHRISTIAN MIT SEINER JANA
Dank der Freundin, die heute seine Frau ist, entkommt
der Frontmann dem Gelage seiner Band.

Hall ins Hotel. Ob's schon der Alkohol ist oder eine Überdosis Adrenalin – er wählt den falschen Abzweig. Als vor ihm nur noch eine Landstraße liegt, die ins Dunkle führt, bemerkt er den Irrtum, dreht um und steuert auf einen beleuchteten Stadtplan zu. Der hängt direkt neben dem Geldautomaten der örtlichen Sparkasse. Ein Mann im Overall mit Werkzeugkoffer vor einer cash machine, mitten in der Nacht? Die Polizeistreife, die just in diesem Moment den Ort passiert, findet das, nun ja, verdächtig. Fährt langsamer. Fährt im Schritttempo – und fährt dann endlich weiter, als Barny schnellen, aber nicht hastigen Schritts davongeht. Ihm ist bewusst geworden, dass er einem Panzerknacker verflucht ähnlich sieht. Außerdem hat er den Weg zum Hotel identifiziert.

Dort ist ein Gelage im Gang. Muckel und Rainer Berg, die sich ein Zimmer teilen, haben voller Emotionen nach dem sensationellen Gig nicht in den Schlaf gefunden. „Wir waren so in Fahrt", erzählt Rainer. „Dann gab es ein bisschen viel Alkohol. Und wir dachten: Jetzt machen wir auf Stones und schmeißen den Fernseher aus dem Fenster. Wir machten es auf und stellten fest: Erdgeschoss, das lohnt nicht, da ist ja ein Beet vorm Fenster. Dann haben wir die anderen geweckt." Es gibt noch mehr Alkohol. Einen Schnaps nach dem nächsten und noch einen und noch einen. „Ich war schon so was von besoffen", erinnert sich Muckel, „deswegen hab ich den Schnaps immer in die Nachttischlampe hinter mir gekippt." Als der Rest der Truppe das merkt, kommt es für ihn umso übler: „Dann musste ich aus dem Lampenschirm trinken, inklusive der toten Fliegen, die da drin lagen."

Ein physikalisches Rätsel ist aufzuklären. Kann man Schnaps aus einer – ein Foto beweist es! – brennenden Nachttischlampe trinken, ohne einen mordsmäßigen Schlag zu bekommen? Muss nicht eigentlich die Sicherung rausfliegen, wenn die Flüssigkeit Kontakt zum Gewinde der Glühbirne bekommt? Liegt es am

KAPITEL XVIII

hohen Alkoholanteil des Likörs, dass das nicht passiert: weil Alkohol keinen Strom leitet? Wer immer die Lösung weiß, schreibe bitte der Band oder dem Autoren eine Mail. Wir möchten es wirklich gerne wissen.

Was keiner weiteren Erklärung bedarf: wie es den Beteiligten am nächsten Morgen geht. Im Nebel des Restalkohols will sich Muckel ein gekochtes Frühstücksei holen. Er denkt, der gusseiserne Samowar, in dem siedend heißes Teewasser bereitgehalten wird, sei der Behälter dafür. Er hebt den Deckel an – und verbrennt sich aufs Übelste die linke Hand. Das Grölen der anderen lässt den Frühstücksraum beben. Schadenfreude geht auch mit ganz dickem Kopf. Und dann kommen Christian und seine Jana dazu, frisch und klar, verliebt und glücklich. Und Christian startet seine Show: „Wer war das mit dem Fernseher? Und schaut euch diese Sauerei an …" Lange kann er das Schauspiel nicht durchhalten. Er bricht in wieherndes Gelächter aus, während aus Volkers Gesicht langsam das Entsetzen weicht. Der Fernseher steht immer noch dort, wo er hingehört, und Volker muss nicht zum Rapport.

„Die *Music Hall* hat für uns den Standard gesetzt", erzählt Christian heute. „So behandelt man Musiker. Und so haben wir unsere Gast-Bands, die bei der KLP auftreten, von da an auch behandelt." Bei Volker in der Wohnung, direkt über dem Proberaum gegenüber der Bühne, ist ihre VIP-Lounge.

Vierzig Jahre liegt die Gründung von Meiselgeier im Jahr 2012 zurück. Das Konzert im Vorprogramm von Karat, Fehmarn, die *Music Hall* in Worpswede – die Anlässe werden bedeutender, die Events größer. Und auf einmal wächst auch eine Fan-Base heran. Beim traditionellen Konzert am 27. Dezember im Dörfchen Pevestorf an der Elbe kommen auf einmal Leute von weit her und übernachten vor Ort. Fehmaraner, die Sehnsucht haben nach ehrlicher Rockmusik. Es kommen Fragen, ob man neben dem Hof in Prisser zelten oder sein Wohnmobil aufstellen dürfe, um die Band auf der Kulturellen Landpartie zu erleben. Andere wiederum chartern einen Bus und kommen mit fünfzehn Leuten aus Ludwigslust nach Hamburg, wo ein Konzert im *Downtown Bluesclub* auf dem Programm steht. Ein Fan-Club gründet sich und präsentiert ein fünf Meter langes Banner: „*We love Meiselgeier*". Die Musiker stehen staunend davor.

Auch bei den Wendländern ändert sich etwas. „Ich kannte eine Frau, die sagte: ‚Zu Meiselgeier gehe ich nicht mehr, das ist ja nur *Samba Pa Ti*', erzählt Christian. „Aber 2011 kam sie dann doch wieder, weil wir im Landkreis auf einmal richtig angesagt waren, die Leute auf der KLP zu uns strömten. Die sagte: ‚Das ist ja ganz anders, das ist ja richtig geil!' So ging es immer mehr Menschen."

Franzl Klahn, erster Schlagzeuger der Band und Freund seit Kindertagen, versucht eine Erklärung. „Wenn ich zu Meiselgeier gehe, ist das immer wie ein Familientreffen. Von den siebenhundert Leuten, die bei dem KLP-Konzert sind, kenne ich bestimmt dreihundert, vielleicht sogar vierhundert. Man grüßt sich, kommt mit vielen ins Gespräch. Da ist die Musik manchmal viel zu laut, weil man sich eigentlich unterhalten will. Aber die Meiselgeier machen auch einen guten Job. Sie haben einfach eine sehr treue Fan-Base. Und sie spielen ja wirklich gut. Wie Barny und Muckel sich batteln mit Harp und Gitarre – das macht echt Spaß! Manche sagen, die spielen ja immer das Gleiche, aber viele gehen genau deswegen dahin."

Der Effekt von Songs wie *Radar Love, All Right Now* oder *Highway To Hell:* Sie aktivieren genau jenes Gefühl, das wir einst erlebten, als wir den Song damals hörten – auf Klassenfeiern oder im Jugend-

KAPITEL XVIII

zentrum, mit der Clique oder der ersten großen Liebe. Wir können das nicht entscheiden: Es passiert einfach. Musik und Rhythmus schaffen es auf direktem Weg in jenen Teil unseres Gehirns, wo unsere Emotionen entstehen. Noch bevor wir wissen, dass überhaupt Musik läuft, hat unser Gehirn schon eine Emotion damit verknüpft. Und so werden wir über Musik verbunden mit einer Zeit, in der wir aufbrachen, um das Leben zu erobern. Die Songs rufen das wach. Und die Hormone spielen ein großes Konzert.

Aber das hat natürlich auch mit den Leuten zu tun, die diese Songs spielen. Sind sie engagiert bei der Sache, auf der Bühne präsent, gut drauf, glauben wir ihnen, dass sie wirklich gerne da oben stehen? Ist dies das eigentliche Geheimnis des Erfolgs einer Band, die erst ihren vierzigsten Geburtstag feiern musste, bis sich eine Gemeinde von Fans um sie scharte? „Wir haben manchmal selber gerätselt, warum wir eigentlich so einen Erfolg haben", gesteht Barny. „Wir haben ja viele Musiker und andere Bands erlebt, die eigentlich viel besser sind als wir. Und trotz unserer begrenzten spieltechnischen Möglichkeiten haben uns die Leute oft mehr zugejubelt als denen. Es geschieht ganz einfach, und wir können uns das nicht wirklich erklären. Ich genieße das sehr. Aber ich weiß auch, dass das nicht selbstverständlich ist. Darum müssen wir uns immer wieder neu bemühen. Und wir brauchen auch immer wieder Glück, damit es passiert. Wenn es wieder gelungen ist, bin ich sehr, sehr dankbar."

Nach den Highlights auf Fehmarn und in Worpswede gibt es eine kurze Phase, in der die Musiker merken: „Oh, wir wollen mehr! Wir wollen auch in die großen Hamburger Clubs! Wir wollen auf die großen Festivals." Aber sie spüren auch: Das ist ein hartes Gewerbe. Wie hart, das erlebt Barny auf einer Tour mit einem echten amerikanischen Profi: Todd Wolfe, einst Gitarrist in der

Band von Sheryl Crow. Jetzt macht er sein eigenes Ding, tourt durch Deutschland. Und wieder ist es Rainer Berg, leidenschaftlicher Drahtzieher im Musikbusiness, der den Weg ebnet. „Rainer war schon immer ein Freigeist", sagt Barny anerkennend, „ein Musik-Verrückter. Er kannte Todd, weil er ihn auf Tournee begleitet hatte."

So lotst Rainer den Gitarristen zu einer Session in den Dannenberger Übungsraum. Dann animiert er Barny, bei einem Konzert von Todd doch mal mitzuspielen. „Ich wusste gar nicht, wessen Idee das eigentlich war. Ich wollte mich nicht aufdrängen, aber dann sollte ich mit auf die Bühne." Mittags meldet sich Rainer und kündigt an: „Heute Abend isses, bring mal ein bisschen Equipment mit." Drei Stunden Anfahrt, gerade genug Zeit für Barny, sich anhand von zwei CDs in die Songs einzuhören. Vor Ort bekommt er die Ansage: „Du spielst den ganzen Auftritt mit." Eine Setlist gibt es nicht. Die Bassistin und der Schlagzeuger wissen offenbar, welcher Song dran ist, wenn Todd loslegt, Barny aber nicht. Also spielt er einfache Grooves, sehr zurückhaltend, um nicht in Breaks hineinzupoltern oder leise Passagen zu übertönen. In vielen, vielen Sessions erprobt, achtet er auf Bass und Schlagzeug und spielt mit, so gut es geht. „Ich war an dem Abend eigentlich im Blindflug unterwegs." Die einzige Reaktion in der Pause: ein erhobener Daumen vom Bandleader, nichts weiter. Genug aber, um sich fürs zweite Set zu entspannen.

Zwei Jahre danach der Ernstfall. Barny soll die letzte Woche einer zweimonatigen Europatournee von Todd Wolfe mitspielen. Für tausend Euro mietet er ein Wohnmobil und fährt zum ersten Auftritt nach Thüringen. Lässt den Stress und Ärger in der Malerfirma hinter sich und freut sich auf eine ganze Woche Musik mit großartigen Musikern! „Aber da habe ich erlebt, wie hart dieser Job

KAPITEL XVIII

TODD WOLFE IM MEISELGEIER-SHIRT
Einst mit Sheryl Crow auf der Bühne, fühlt sich der US-Profi auch in der Provinz augenscheinlich wohl.

ist! Ich war nur eine Woche dabei – die hatten aber schon zwei Monate hinter sich. Sie krochen auf dem Zahnfleisch." Wer sich ein luxuriöses Dasein im Nightliner vorstellt, samtgepolsterte Sitze und jede Menge Spaß mit Spielkonsole und Video-Leinwand: So mag es wohl bei den Stones, bei Madonna oder Rammstein sein. Doch wer sich durch die kleinen Clubs langsam nach oben arbeiten muss, fährt in einem VW-Bus älteren Datums. Zu fünft. Todd, die Bassistin, der Schlagzeuger, Rainer als Begleiter sowie der Tour-Veranstalter Ralf. „Und ich komm' da mit so 'nem großen Wohnmobil an" – es ist Barny fast peinlich. Todd wechselt über auf seinen Beifahrersitz, eine kleine Erleichterung für den Gitarristen. Er leidet unter einer äußerst schmerzhaften Entzündung der Prostata. In Dresden muss er ins Krankenhaus, ohne Katheter geht es nicht weiter. Und wie so viele amerikanische Musiker hat er keine Krankenversicherung. Barny voller Hochachtung: „Diese Amerikaner sind solche harten Hunde, die beißen auf die Zähne und spielen trotzdem jede Show, egal, wie weh das tut. Das ist eben der Job."

Das Abschlusskonzert der Tour ist in einem Kaff nördlich von Hamburg, in Sievershütten mitten in der plattdeutschen Einöde. In einem winzigen Club, aber rappeldicke voll. Die Leute wechseln sich ab, gehen immer mal raus, damit andere reinkönnen. Todd ist eigentlich total im Eimer, aber er zieht durch. „In dem Moment, in dem er auf die Bühne ging und die Gitarre in die Hand nahm, war's, als hätte einer den Schalter umgelegt. Wow, hat der gespielt. Und die Leute waren super drauf, die haben uns einen großartigen Auftritt ermöglicht." Der Frontmann lässt seinen Leuten reichlich Freiheit. Setzt sich dann hinten auf seinen Amp, hockt da lächelnd und freut sich an ihrer Spielfreude. „Da konnten wir drei richtig loslegen und solistisch ein bisschen glänzen. Das war für mich ein echtes Highlight – und das in einer solchen Location."

KAPITEL XVIII

Barny resümiert: „Für mich war das eine unheimlich tolle Woche. Ich habe so viele Eindrücke bekommen, so tolle Musik gemacht, wirklich Ehrfurcht bekommen vor der Leistung dieser Musiker. Todd Wolfe knallen zwei Saiten seiner Gitarre durch, der spielt einfach weiter. Und das merkt im Publikum gar keiner, jedenfalls nicht die, die's nicht gesehen haben. Ein Finger ist entzündet, also spielt er eben mehr Slide-Gitarre mit dem Bottleneck. Leute wie Todd sind Profis. Die machen weiter, egal, was passiert. Sie müssen einfach, denn sie brauchen das Geld." Ein lehrreicher Einblick in eine beinharte Branche.

Die Erfahrung hilft auch dabei zu verstehen, warum Helmut Grabow 2014 seine Zeit als Meiselgeier beendet. Nach insgesamt mehr als zwanzig Jahren. Er kann und will nicht mehr. Bei allem war er dabei: bei den Erfolgen der ersten Jahre, dem Revival nach dem Klassentreffen, dem Ausbau des Probenraums, den spektakulären Erfolgen im neuen Jahrtausend. Und dazu immer noch: Tanzmucke und Unterricht für Schlagzeugschüler. „Ich hab so viel geschleppt in meinem Leben, hatte praktisch kein Privatleben, und als ich dann eins hatte, nachdem ich meine Frau kennengelernt hatte, da war es dann auch genug. Auch mit Meiselgeier."

Er blickt zurück: „Ich hatte ja kaum Freizeit über viele Jahre. Ich konnte nie zu Freunden, die eingeladen hatten. Drei- oder viermal die Woche unterwegs mit Proben, am Wochenende die Auftritte. Das hat schon Spaß gemacht, aber es war auch zu viel, das ging einfach nicht. Dann Meiselgeier: Wir fanden das immer toll mit diesem großen Besteck, der großen Anlage, der Hammond, aber es war ein tierisches Geschleppe. Ein Riesenaufwand. Eigentlich planten wir, nur acht Konzerte im Jahr zu spielen – aber Muckel war das zu wenig. Und dann lernte ich meine Birgit kennen – und dieses Glück wollte ich auch genießen."

Die Müdigkeit klingt aus seiner Stimme. „Wenn du das so oft gemacht hast wie ich, dann hast du irgendwann keine Lust mehr. Dreiundvierzig Jahre auf der Bühne waren genug. Gut, dass die Leute mich bis dahin ertragen haben. Es war natürlich emotional hart, für Meiselgeier wie für mich. Es war gar nicht so schlimm wegen der Musik – aber wegen der Leute."

Auf einmal eröffnet sich für ihn ein völlig anderes Lebensgefühl: der Samstag – frei! Zeit für Gartenarbeit. „Ich muss mich um nichts kümmern, brauche keine Sachen zu packen, muss nicht losfahren und spät nachts nach Hause kommen. Jetzt ist Ruhe. Das ist ein großes Glück."

Sosehr die Meiselgeier den alten Kumpel verstehen, den verlässlichen Gefährten in vielen gemeinsamen Abenteuern: Der Abschied fällt sehr schwer. Es beginnt eine wechselvolle Zeit.

KAPITEL XIX

**Used to be so easy
To fall in love again
But I found out the hard way
It's a road that leads to pain**

Gary Moore, *Still Got The Blues*

DER GEIST VON GARY MOORE

Musik ist mächtig. Wir erleben diese Power, wenn ein Song uns zu Tränen rührt. Wenn er in uns eine Energie freisetzt, die wir noch nicht kannten. Wenn sich ein Erlebnis untrennbar mit einer Melodie, mit einem Rhythmus verbindet. Tief eingeprägt in unser emotionales Gedächtnis, kann schon ein kurzer Moment dieses ganz besonderen Klangs ausreichen, um in uns genau die Stimmung wachzurufen, in der wir diesen Song einst hörten.

Wie viel intensiver muss diese Wirkung für einen Musiker sein, dessen Leben auf den Kopf gestellt wurde, nachdem eine Komposition ihn auf die Bühne der Weltöffentlichkeit katapultierte? Ihn aus der Anonymität der etlichen Tausend Bands und Solisten, die um die Aufmerksamkeit des Publikums ringen, geradezu herauskatapultierte, ihn einen schnellen Ruhm in Charts, Magazinen, Talkshows, Welttourneen erleben ließ. Um ihn dann wieder in der Masse versinken zu lassen, wenn es eben nur dieser eine Song war, dieser Geniestreich, in dem Kreativität und Zeitgeist miteinander verschmolzen. Oft sind es Alkohol und Drogen, die diesen schleichenden Abstieg begleiten. Wir kennen viele dieser Geschichten, und viele endeten tragisch.

So auch die von Gary Moore. Ein begnadeter Gitarrenvirtuose und ausdrucksstarker Sänger. Aber nur ein Song schaffte es wirklich,

KAPITEL XIX

aus Millionen hervorzustechen: *Still Got The Blues*. 1990 auf der gleichnamigen LP erschienen, war diese Rockballade der einzige Welthit des Musikers. Und zugleich sein Schicksal. Denn nach dem gewaltigen Erfolg kam ein elender Streit. Von 2000 bis 2007 musste Moore einen Prozess am Münchner Landgericht ertragen: Er habe die ikonische Melodie am Beginn des Stücks geklaut – aus dem Song einer komplett unbekannten (und wir dürfen sagen: völlig unbedeutenden) deutschen Krautrock-Band namens Jud's Gallery. *Nordrach* hieß er, einem Flüsschen im Schwarzwald gewidmet. Sein größter Hit, den er bei jedem Konzert spielen musste – ein Plagiat dieses provinziellen Machwerks? Gary Moore war zutiefst gekränkt. Schlimmer noch: Er verlor den Prozess, emotional und finanziell schwer angeschlagen. Vier Jahre später, im Alter von achtundfünfzig Jahren, starb er.

All dies haben der Bassist Pete Rees und der Keyboarder Vic Martin miterlebt. Sie spielten viele Jahre mit Moore. Jetzt stehen sie im Publikum beim Meiselgeier-Konzert auf der KLP 2017. Achthundert Leute sind da, Besucherrekord. Gemeinsam mit dem großartigen Bluesgitarristen Henrik Freischlader sind Rees und Martin am Tag zuvor mit ihrem *Tribute To Gary Moore* aufgetreten – und erleben jetzt, wie Muckel *Still Got The Blues* intoniert. Er weiß, dass sie da sind, und er weiß, dass es jetzt drauf ankommt. Im Leben jedes Menschen gibt es Situationen, die wie Gipfel aus der Erinnerung herausragen. Selbst wenn sie nur drei oder vier Minuten dauern. Aber es kommt eben darauf an, wie sie sich ins Gedächtnis brennen: als unbeschreibliches Glück oder als grauenhaftes Scheitern.

„Ich kenne das von Prüfungen", sagt Muckel. „Dann werde ich rotzfrech. Volle Hütte, zwei Musiker von Gary Moore – und ich spiele Garys berühmtestes Stück! Und ich weiß natürlich, dass ich das nie, *never ever*, so spielen kann wie der Meister himself. Ich spiel's aber trotzdem."

Wenige Sekunden entscheiden. Der Sound stimmt, die Energie auf der Bühne ist gut. „In einem Solo gibt es kritische Stellen", weiß Muckel, „und wenn die gelingen, dann merke ich, oh, hier geht jetzt richtig was. Und dann denke ich: Was habe ich zu verlieren? Es kann auch sein, dass es ein Traum ist, und wenn ich aufwache, ist immer noch alles gut. Ich habe nie harte Drogen genommen, aber vielleicht fühlt sich das so an: so außer mir sein, in einer höheren Sphäre. Die Leute nehme ich wahr, aber anders. Wie in Trance. Alles fließt. Die anderen Musiker empfinden meine Glückseligkeit, und es entsteht eine Verbindung. Wir bewegen uns wie in einer Blase – alles ist präsent. Die Gesichter öffnen sich, auch im Publikum, auch bei den Gary-Moore-Leuten. Die finden das gut. Da weiß ich: Irgendwie ist der Geist von Gary Moore präsent. Ich spüre ihn in meinen Fingern."

Was für ein kostbarer Moment. Dafür machen wir Musik. Üben viele Stunden lang immer dieselben Songs, dieselben Läufe, um sie im entscheidenden Moment mühelos herausfließen zu lassen. Dafür stehen wir im Publikum, erleben Auftritte, die okay sind, aber routiniert, um an manchen Abenden erleben zu können, wie sich eine andere Dimension öffnet. Wie alles miteinander verschmilzt: die Musiker, das Publikum, die Musik, die Atmosphäre. Ein Zauber. Und er geschieht immer wieder.

Barny hat sich ein anderer Abend eingeprägt, ein Solo-Duett mit Muckel: bei *La Grange* von ZZ Top, eigentlich ein Party-Kracher. „Ich spiele die Harp, und Muckel antwortet auf meine Solo-Stimme. Ein Art Frage-Antwort-Spiel. Seit wir das Stück im Programm haben, legte ich voll los, und Muckel musste den flinken Finger machen, nach Möglichkeit noch eins drauflegen. So hatten wir unser Pulver eigentlich schon verschossen, wenn die Sache losging. Dieses Mal hatte ich eine Inspiration und fing nur mit zwei Tönen an, die ich stehen ließ. Muckel antwortete genauso. Wir steigerten das ganz langsam – und das Publikum ging auf diese Spannung ein. Es kreischte und jubelte! Und ich merkte: Meine Nackenhaare stellten sich auf. Ich bekam Gänsehaut. Ich guckte Muckel an, und wir waren wie eins. In dem Moment haben wir das Publikum gar nicht wahrgenommen. Auf einmal war es wie in den 70er-Jahren, als wir beide in Hamburg wohnten und viel miteinander jammten. Damals verstanden wir uns blind. In der Zwischenzeit war das ein wenig verloren gegangen, aber bei diesem Konzert war es auf einmal wieder da. Das war nicht geplant – es passierte einfach! Ein magischer Moment. Großartig."

Wie gut, dass die Meiselgeier an ihrer Dynamik gearbeitet haben (das ist dieses schwierige Ding mit laut und leise). Und jemanden haben, der sich auf der Bühne darum kümmert. „Wenn ich merke, dass diese besondere Atmosphäre entsteht", sagt Christian, „gebe ich sofort Zeichen: leiser spielen! Damit der Moment nicht untergeht, damit diese Magie sich wirklich entfalten kann."

Ja, sie haben es drauf.

So ist es jetzt wohl an der Zeit darüber zu sprechen, warum weder Meiselgeier als Band noch einer der Musiker eine große Karriere gestartet hat. Gelegenheiten gab es. Der dritte Platz beim BandBattle in Lüneburg, die spektakulären Erfolge auf Fehmarn. Oder die Band Jesse James mit Christian, Barny und Helmut. „Als wir damals den Musikpreis *Local Heroes* gewannen, sagte dessen Gründer: ‚Wenn ihr jetzt alles auf Deutsch macht, dann werdet ihr berühmt.' Wir waren auf dem Weg dahin. Wir hatten vor Udo Lindenberg gespielt, vor Fury in the Slaughterhouse, vor Karat."

GÄNSEHAUT-MOMENTE MIT DER HARP
Wenn Barny sich mit Muckel battelt,
können magische Situationen entstehen.

„BEI PRÜFUNGEN WERDE ICH ROTZFRECH"
Muckel mit dem Ausnahme-Blueser Henrik Freischlader
auf der Bühne. Eines seiner besten Konzerte.

KAPITEL XIX

Aber offenbar fehlt ein wichtiges, ein entscheidendes Element, das den Unterschied ausmacht zwischen einer Band, die in der Provinz abräumt, und einer, die nationale, gar internationale Aufmerksamkeit bekommt. Das ist der Narzissmus.

Ein weit verbreiteter *Special Effect* unter Musikern. Wer vorne auf der Bühne die Show macht, wer den Laden, die Halle, das Stadion rockt, wer so viel von sich zeigt und im Jubel der Massen über sich hinauswächst – der hat es leichter, wenn er sich für den Größten hält. Und erobert das Publikum im Sturm. Große Narzissten findet man oft dort, wo ihnen möglichst viele Menschen zu Füßen liegen. Sie brauchen das Rampenlicht, den großen Auftritt. Ihr Bedürfnis nach Bewunderung ist grenzenlos. Das Verblüffende: Sie wird ihnen auch sehr oft entgegengebracht – das Charisma, das aus ihrer übersteigerten Selbstgewissheit erwächst, fasziniert viele Menschen. „Gary Moore konnte auf eine Bühne gehen und das Publikum für sich einnehmen", erzählt der Radiomoderater und Musikwissenschaftler Volker Kramarz. „Er hatte diese Gabe, Menschen spontan beeindrucken zu können. Das habe ich überall erlebt. Als wir mal im Musikgeschäft Verstärker getestet haben, als wir in kleinen Clubs waren oder wenn wir mit Freunden zusammensaßen, und er Gitarre spielte."

Ausgeprägter Narzissmus prädestiniert für eine Bühnenkarriere. Um eine Musikerlaufbahn zu absolvieren, braucht man eine unglaubliche Entschlossenheit und den unbändigen Drang, nach vorne zu kommen. Die Energie dafür gewinnt man aus einer überstark von Eigenliebe gesteuerten Motivation. „Das Kerosin, das den Raketenmotor Narzissmus antreibt, besteht aus Angst. Die unerklärliche Furcht, von anderen nicht anerkannt zu werden, wenn man nicht der Beste ist." So sagt es der Psychiater Borwin Bandelow, selbst Gitarrist.

Narzisstische Anteile hat jeder von uns. Klar, wir alle wollen geliebt und gelobt werden, fühlen uns besser, wenn wir Wertschätzung und Anerkennung erleben. Der Narzisst aber wird unleidlich bis komplett unausstehlich, wenn er diese Wahrnehmung nicht permanent bekommt. Es ist nie genug – und darin liegt der Antrieb, endlose Touren zu spielen, trostlose Hotelzimmer zu ertragen und die quälende Langweile zwischen den Auftritten. Er ist süchtig nach dem Rockkonzert, dem Adrenalinkick, wenn er auf der Bühne steht. Und stürzt unmittelbar in ein tiefes Loch, wenn der Hormonpegel fällt. Auch deswegen sind Sex & Drugs die treuen Begleiter des Rock 'n' Roll.

Aber damit muss man den Meiselgeiern nicht kommen. „Ich wäre gerne berühmt", gesteht Muckel freimütig. „Aber ich bin nicht bereit, diesen Preis dafür zu bezahlen – und sei's nur dieses neurotische Üben. Ein halbes Jahr acht Stunden am Tag? Nee! Und dann alles auf eine Karte zu setzen und dafür Klinken putzen? Auf keinen Fall." Was man wissen muss: Muckel betreibt seinen Huthandel nicht nur gemeinsam mit seiner Frau, sondern auch mit seinen drei Kindern. Beim Wettkampf gegen den Familienmenschen hatte der Narzisst keine Chance.

Genauso empfindet es Christian. „Ich liebe mein Leben. Ich liebe es, abends meine Tochter ins Bett zu bringen, mit meiner Frau den Abend zu verbringen – und wenn wir durch Deutschland touren würden, ginge das nicht!" 2012 ist er mit vierundvierzig Jahren noch Vater geworden. „Es ist tatsächlich so, wie viele sagen: Mit einem Kind ändert sich komplett die Sichtweise. Plötzlich sind so viele Dinge, die bis dahin so wichtig waren, überhaupt nicht mehr relevant. Seit diesem Augenblick bin ich viel ruhiger und gelassener. Auch bei Meiselgeier, auch auf der Bühne. Ich fühle mich wohl, und das ist das Entscheidende. Wenn ich dann nachts

KAPITEL XIX

nach einem Konzert nach Hause komme, gehe ich ins Zimmer meiner Tochter, gebe ihr einen Kuss – und alles ist gut. Außerdem", er hält inne, „wäre ich gar nicht gerne berühmt. Ständig Leute, die einen ansprechen. Nee, das wär' nichts für mich."

Das ist es, was Rainer Berg eine Weile zum Wahnsinn getrieben hat. Rainer, der, ohne Geld damit zu verdienen, Künstler auf ihrer Tour begleitet. Er schimpft: „Die Meiselgeier machen lieber eine Bootstour auf der Elbe, als zum Festival nach Erfurt zu fahren. Die sind ja gut, ohne Zweifel! Die Truppe harmoniert, es macht Spaß! Aber du bekommst sie viel zu selten alle zusammen. Aus beruflichen Gründen oder auch aus familiären. Wenn du das Potenzial ausschöpfen willst, dann musst du am Ball sein, viel häufiger üben, immer wieder neue Stücke ins Programm nehmen. Auch Medleys wären gut. Die liebt das Publikum und flippt aus! Ich sprech' das auch immer wieder an, wenn ich mit Uwe unterwegs bin: ‚Ihr müsst doch mal was Neues machen.' Aber das machen sie nicht, das sind sture Wendländer. Auch große Auftritte muss man sehr rechtzeitig planen: ein Jahr vorher ist gut, ein halbes Jahr vorher schon zu knapp. Da ist es dann nicht leicht, mit allen eine Verabredung zu treffen. Außerdem muss man auch mal weitere Strecken fahren – und das wollen sie auch nicht. Ich hab mich eine Weile ziemlich reingehängt, aber dann gemerkt: Das wird nix. Und dann hab ich's wieder gelassen."

Es mag Bequemlichkeit sein, der Stress mit dem Job – aber eines ist es gewiss auch: mangelnder Narzissmus. Die acht sind einfach nicht gierig genug nach dem Jubel des Publikums, ihre Entzugserscheinungen bei zu seltenem Applaus sind nicht fies genug. Sie sind sozial, wollen nicht brutal sein, um andere aus dem Weg zu boxen. Sie sagen nicht: „Ist mir egal, wie meine Frau das findet; ist mir egal, ob meine Kinder eine Aufführung haben oder nicht; ist mir egal, ob ich mit dem Schlagzeuger, Bassisten oder Gitarristen seit Kindertagen befreundet bin – jetzt muss er weg, ich brauche jemanden, der cooler ist."

Für die Fans des Classic Rock in Deutschland mag es schade sein, dass die Zahl der Auftritte von Meiselgeier überschaubar ist. „Die könnten bestimmt vierzig bis fünfzig Konzerte im Jahr spielen", schätzt Franzl Klahn. Doch sie wollen nicht, weil sie das gute Leben mit der Familie vorziehen. Und dieser Wesenszug ist vor allem eins: unglaublich sympathisch.

Aber es gibt sie ja trotzdem – die besonderen Momente. „Das kommt öfter vor, deswegen bin ich ja bei der Band", schwärmt Jochen. „Dann ist es genau das richtige Maß von Anspannung und Lockerheit, dann läuft es. Dann hast du einen Flow. Du merkst, dass die Leute reagieren. Wenn eine Halle voll ist, dann macht es etwas mit einem. Wenn gleich nach dem ersten Song dieses Brüllen, dieses Jubeln losbricht. Dann springt ein Funke über. Dann wirst du frei, dann lächelst du. Und die nächsten Songs klappen einfach."

Dann fährt einem vielleicht sogar Gary Moore in die Finger. Vor achthundert Leuten. Vor dem wunderbaren Henrik Freischlader, einem der besten Blues-Gitarristen Europas. Vor den Musikern aus Gary Moores ehemaliger Band, die *Still Got The Blues* viele Tausend Mal zusammen mit Gary Moore gespielt haben. „Und die stehen hier im Eingang, wo eine Provinzband diesen Song anstimmt", erzählt Christian – „und sie finden es geil! Sie sagen es hinterher sogar zu uns. Dann muss das wohl wirklich gut gewesen sein. Das war Muckels bisher größtes Konzert als Gitarrist. Da merkst du, wie viel er geübt hat – wir wussten ja, dass die Gary-Moore-Jungs da sein und uns zuhören würden. Da haben

KAPITEL XIX

Vorbereitung und Gefühl genau zusammengepasst. Er hat auch viel emotionaler gespielt als sonst. Dann braucht Muckel seine Freiheit, und die hat er natürlich auch. Das war eine sehr besondere Situation."

Aber wie heißt es in dem Song:
I found out the hard way
It's a road that leads to pain

Nach dem Ausklingen des Songs ist die Stimmung stark aufgeladen, absolut euphorisch, das Publikum feiert Muckel, die prominenten Musiker zollen ihm Anerkennung. Und der Traum geht einfach weiter: Henrik Freischlader, der Virtuose, kommt selbst auf die Bühne. Muckel und er duellieren sich mit Sololinien, grinsen, steigern sich, fordern den anderen heraus und strahlen, wenn sie wieder einen tollen Lick auf die Saiten gezaubert haben. Ein hinreißender, ein einmaliger Höhepunkt. „Man sah Muckel an, wie er sich fühlte", schwärmt Christian noch heute. „Er war so erfüllt und spielte das Solo seines Lebens. Es war einfach unglaublich, und wir waren alle richtig glücklich. Auch Henrik! Die totale Euphorie, vor allem bei Muckel. Wir standen in einer Reihe, hatten Henrik in die Mitte genommen, wollten uns verbeugen."

Aber genau in diesem Augenblick kommt ein Tiefschlag. Ein emotionaler Absturz aus großer Höhe. Nur ein Satz zu Muckel, rausgehauen vom Mann am Schlagzeug. „Ich muss mal ein ernstes Wort mit dir reden." Im selben Moment ist die ganze Magie zerstört.

KAPITEL XX

> Please allow me to introduce myself
> I'm a man of wealth and taste
> I've been around for a long, long years
> Stole many a man's soul and faith.

The Rolling Stones, *Sympathy For The Devil*

GRUPPENHYDRAULIK

Der Schlagzeuger streckt seinen Arm aus, bohrt Luftlöcher in Richtung des Sängers und schnappt nach Luft. „Mir macht es keinen Spaß, mit dir zusammen in einem Raum Musik zu machen", brüllt er. Lange Pause. „Ich bin froh, dass du das gesagt hast", antwortet der Sänger ruhig, aber zerknirscht. Der Gitarrist schaut gequält zu Boden.

Meiselgeier? Nein, Metallica. Nach neunzig Millionen verkauften Platten und etlichen Tourneen gehen sich Drummer Lars Ulrich und Sänger James Hetfield fast an die Gurgel. Dokumentiert in der Film-Doku *Some Kind Of Monster,* die eigentlich eine Promotion für die damalige LP *St. Anger* sein sollte. Tatsächlich erzählt sie die Geschichte, wie eine der erfolgreichsten Rockbands aller Zeiten sich zerlegt, im Streit versinkt und an den Monster-Egos ihrer Mitglieder fast zerbricht. Ein Therapeut wird vom Management engagiert. Für vierzigtausend Dollar im Monat soll er retten, was irgendwie zu retten ist. Gruppentherapie im Luxushotel. Aber dann haut Hetfield doch lieber ab, verschwindet für Wodkagelage und Bärenjagd in Sibirien, um sich anschließend für fast ein Jahr in einen Entzug zurückzuziehen. Danach geht es weiter mit Metallica. Bis heute.

Rockbands sind sensible Gebilde. Ein fein austariertes Gleichgewicht von Egos. Wer bestimmt die Songauswahl, spielt die Soli,

KAPITEL XX

LANGE STILL, ABER DANN ...
„Manchmal explodiere ich einfach", sagt Barny.
Viele Diskussionen findet er schlicht blödsinnig.

bekommt die meiste Aufmerksamkeit des Publikums? Wer gönnt, wer neidet dem anderen den Jubel? Wer kann sich in seiner Kreativität ausdrücken, wer fühlt sich gedeckelt und nicht richtig wahrgenommen? Wie mischen sich Aggressivität und Sanftmut, Dominanz und Konfliktfähigkeit? Respektiert jeder die Grenzen des anderen – und was passiert, wenn nicht? Der friedliche Muckel haute einst seinem Bruder auf die Schnauze, als der ihm die Gitarre wegnehmen wollte. Und als Christian ihm 2019 bei diesem Auftritt auf der KLP in die Saiten greift … – aber wir wollen nicht spoilern.

In Konflikten reagieren die meisten Menschen auf ihre typische Art. Zum Beispiel Barny. „Wenn man eine Acht-Mann-Truppe hat, dann muss man sich einigen", sagt er forsch. „Die Konkurrenz zwischen Christian und Muckel fand ich völlig blödsinnig. Die sollten sich einkriegen. Bei mir dauert es eine Weile, bis ich etwas sage. Das ist nicht immer schlau, weil sich eben etwas aufstaut und ich dann explodiere." Das wiederum löst bei Andreas einen vertrauten Reflex aus. „Wenn ich merke, dass Barny hochorgelt, stehe ich auf und gehe raus. Ich kann keinen Streit ab, ich mag das einfach nicht. Ich zieh' mich zurück."

Aber irgendwann wird es wuchtig. So wie bei Gerdchen. „Ich hatte mit Barny Stress wegen der Abrechnung der KLP. Es ging um irgendeine kleine Sache, ich glaube, das Wassergeld. Da reichte es mir. Ich bin aufgesprungen und habe gesagt: Das war's für mich! Jochen, unser Psycho, wollte mich beruhigen, aber ich bin sofort ins Auto und nach Hause gefahren. Zwei Wochen Funkstille. Mich sprachen schon Kumpels an: ‚Warum hast du bei Meiselgeier aufgehört?' Die Sache war sofort 'rum. Meine Antwort: ‚passt nicht mehr.' Aber dann kamen Jochen und Muckel auf mich zu und sagten: ‚Lass uns bei der Probe noch mal drüber reden.' Da waren dann alle da, und wir haben uns wieder geeinigt." Gerdchen sinniert. „Streit und Stress machen wir uns immer selber. Liegt es am Alter? Wir werden ja nicht mehr nur älter, wir werden jetzt wirklich alt! Es wird schwieriger, es gibt jetzt mal lautere Reibereien. Da staut sich was auf, man redet nicht drüber – und dann macht es auf einmal Bumm!" Er hält inne. „Es wäre wohl besser, die Sachen gleich zu klären."

Franzl Klahn muss grinsen. „Ich wundere mich, dass es Meiselgeier überhaupt noch gibt. Alte Männer neigen ja dazu, ihre Macken mehr und mehr auszuprägen. Das macht es nicht einfacher. Es gab in der Band auch immer abweichende Strömungen, Schwierigkeiten, die auftauchten, mal mehr, mal weniger. Mancher von den Meiselgeiern sagte zu mir voller Empörung: ‚Ich hab keinen Bock mehr, ich steige jetzt aus!' Dann sagte ich: ‚Das kannst du machen, aber denk dran, was du verlierst.' Es ist ja nichts einfacher, als auseinanderzurennen, wenn man sich gestritten hat. Das passiert in zahllosen Bands. Aber es gibt die Formel Meiselgeier: Sie haben immer wieder die Kurve bekommen. Es ist wie in einer Familie: Man rauft sich zusammen. Und dass sie es immer wieder hinbekommen haben, spricht für die Lernfähigkeit der Musiker."

Die Frage, warum diese Band schon so lange existiert, treibt die Musiker um. Auch Barny. „Warum funktioniert Meiselgeier? Es gibt eine ganz spezielle Mentalität. Die ist was Besonderes. Eine Mischung aus Freundschaft, alter Verbundenheit aus der Schulzeit, die gleiche Erfahrung einer sehr schwierigen Kindheit. Wir haben zusammen Kartoffeln geklaut und überm Lagerfeuer geröstet. Unsere Verbundenheit kommt aus jener Zeit, und die haben wir denen, die mit uns gespielt haben oder noch spielen, eben verabreicht. Daher kommen auch die Sprüche von Volker, der sagt: ‚Bei Meiselgeier kannst du nicht aussteigen, da wirst du mit den Füßen

GRUPPENHYDRAULIK

STARKER AUFTRITT
Christian macht die Show, Muckel grinst.

KLEINE GESCHENKE ...
... sorgen für Zusammenhalt unter alten Kumpels.

KAPITEL XX

voran rausgetragen'. Und selbst die, die heute nicht mehr dabei sind, sind trotzdem auf eine Weise noch Meiselgeier."

Jochen, als Psychologe geübt im Wahrnehmen subtiler zwischenmenschlicher Botschaften, hat eine ähnliche Deutung: „Das sind Schulkumpels. Sie sind zusammen groß geworden, das schweißt zusammen. Sie haben viele Streits hinter sich und ein Grundverständnis gewonnen. Volker und Muckel bilden eine Achse. Das stabilisiert ungemein. Muckel hat einen ausgleichenden Charakter, der kann Barny wieder einfangen. Volker hat einen tollen Humor, der sorgt für gute Laune. Der kann Leute mit reinbringen. Er ist eine Art Inklusionsbeauftragter. Er hat sich um die neuen Schlagzeuger gekümmert, Geschichten erzählt, sie warm aufgenommen. Das kann er einfach toll. Der andere Grundpfeiler ist Christian mit seinem musikalischen Input. Er ist der künstlerische Leiter. Seitdem Muckel und er sich arrangiert und ihren Kampf um den Chefposten beendet haben, sind wir als Band viel besser unterwegs."

Aber wie verwandelt sich die sensible Balance der Band, wenn eines der Mitglieder sie verlässt? Auf einmal ist der treue Helmut Grabow nicht mehr da, eine Konstante über viele Jahre. In der Trommel-Abteilung von Meiselgeier, Rückgrat der Band und eine ihrer besonderen Qualitäten, fehlt eine wichtige Stütze. Und dem Klima der Band seine Hingabe, seine freundliche, zurückhaltende Art. Es kommt ein Neuer. Nennen wir ihn Mirko[1]. Ein ausgezeichneter Schlagzeuger, aber auch bekannt für sein robustes Auftreten. Andreas kennt ihn gut: Sie haben mehrere Jahre gemeinsam Tanzmucke gemacht.

---

[1] An manchen Stellen wünschen sich die Meiselgeier ein bisschen Diskretion. Sie erzählen am liebsten nur freundliche Dinge über andere. Wenn das aber nun mal schwierig ist, braucht es wie hier ein Pseudonym.

Zwei Jahre lang klappt es wunderbar. Es ist zunächst eine positive, bereichernde Spannung, die sich zwischen Christian und dem neuen Alphatier am Schlagzeug aufbaut. Sie schafft eine starke Präsenz bei Auftritten. „Das hat auf der Bühne für Feuer gesorgt", erzählt Jochen. „Wenn wir eine super entspannte Vorbereitung haben, dann laufen wir Gefahr, nicht richtig wach und präsent zu sein. Dann wird es schwammig. Ich mag die Spannung nicht, aber sie muss da sein, damit es kernig bleibt. Wenn man ein Heimspiel hat – und wir haben dank unserer großen Fan-Base viele Heimspiele –, wird man schnell nachlässig."

Aber mit Mirko ändert sich die Stimmung. Barny kann gut mit ihm. „Ich mochte den. Der hatte eine schwierige Kindheit und passte eigentlich gut zu uns." Sie harmonieren auch musikalisch. „Ich habe mit sehr vielen Musikern gespielt, in Bands, in Sessions. Ich wollte immer kompatibel sein, weil es mir um die Musik geht. Man muss sich zurücknehmen können, aber auch mal nach vorne treten. Das geht nicht nach Dienstanweisung, das geschieht einfach – oder eben nicht. Da ist ein zustimmendes Nicken, da geht der Mundwinkel hoch. Das muss man lesen oder spüren können. Ich hatte nie das Bedürfnis, vorne am Bühnenrand zu stehen. Ich mache da hinten mein Ding, und wenn ich ein Harp-Solo habe, okay, dann komme ich vor."

Was in der neuen Besetzung von Anfang an schwierig ist: Mirko verdient mit der Musik Geld, und wenn ein anderer Auftritt ihm eine höhere Gage bringt, muss Meiselgeier zurückstehen. Verbindlich ist nur der Auftritt auf der KLP. Bei anderen Gelegenheiten springen dann *Friends* am Schlagzeug ein, damit die Band keine Konzerte absagen muss. Aber mit wechselnden Schlagzeugern zu spielen, ist auf Dauer schwierig, weil das Schlagzeug nun einmal die Basis bildet. Die Abstimmung fehlt, die Qualität leidet.

KAPITEL XX

So kommt es auf Barny an. Der überlegt einen Augenblick und macht dann seinem Ärger Luft. „Als Percussionist gilt man ja oft als der Klingelkasper, auf den man auch verzichten kann. Das empfinde ich natürlich anders. Und wenn Schlagzeuger ihre fantasievollen Ausflüge machen, dann bin ich einfach da. Ich halte die Linie und spiele das, was eigentlich der Schlagzeuger spielen würde. Dass andere uns Percussionisten nicht so ernst nehmen – das gilt auch für andere Musiker, Bläser etwa –, ärgert mich. Ich finde, jeder, der mitspielt, verdient Respekt, egal welches Instrument er spielt."

Respekt – für Barny eine zentrale Qualität. Und er wird umso dringender gebraucht, wenn eine Band Konflikte lösen muss. Jochen hat einen guten Blick für jene eingeschliffenen Muster. Sie sind bei Meiselgeier die eines alten Ehepaars. „Normalerweise tragen wir Konflikte nicht aus – auch eine Technik, indem man sie einfach überspielt. Wir nehmen sie hin, und es gibt eine Offenheit, das auszuhalten. Untereinander kriegt man schon mit, dass der eine über den anderen ätzt. Aber auf Ebene der Band löst sich das immer wieder auf."

Es gibt allerdings Situationen, in denen es nicht mehr geht. Da ist der Ärger zu stark. Jochen erinnert sich lebhaft an eine. „Da wollten wir ein Medley erarbeiten. Der Übergang zwischen zwei Songs war schwierig, und Mirko bekam ihn nicht auf Anhieb hin. Dann sagte er: ‚Das geht nicht!' Ich erwiderte: ‚Doch, das geht. Das ist nicht so schwer, probier's noch mal.' Mirko daraufhin: ‚Alter, du hast doch keine Ahnung.' Er machte zu. Er konnte seinen Fehler nicht zugeben, brach ab und ging raus. Wir anderen gingen hinterher und setzten uns an den Tisch. Als sei nichts passiert. Ich aber sagte: ‚Ich möchte jetzt darüber reden. So können wir nicht miteinander umgehen. Ich glaube, es lohnt sich, das auszuprobieren.' Das war brenzlig. Mirko reagierte mit einem Zeichen, das ich gar nicht kannte. Er signalisierte: ‚Noch einen, und du musst dran glauben!' Sehr aggressiv. Aber ich blieb dran, und wir probierten es tatsächlich noch einmal. Wir konnten das umbiegen. Aber so haben wir viel zu selten reagiert. Es ist natürlich auch anstrengend, solche Konflikte jedes Mal wieder durchzukämpfen."

Die Atmosphäre in der Band wandelt sich. Der Ton wird rauer, die Sprüche klingen ätzender. „Wenn du richtig Gitarre spielen könntest, könnten wir auch richtig gute Musik machen", muss sich Muckel anhören. Er beginnt die Fahrten ins Wendland zu scheuen. Die Proben werden seltener. „Ich hatte Schiss, dass Muckel aussteigt", erzählt Christian. Und dann sagt Mirko ausgerechnet nach einem von Muckels besten Auftritten, nach jenem magischen Moment nach *Still Got The Blues* und dem Solo-Battle mit Henrik Freischlader, diesen Satz, der ihn ins Mark trifft: „Ich muss mal ein ernstes Wort mit dir reden!" Worum geht es eigentlich? Um nichts. Es ist einfach eine mit perfektem Timing gesetzte Bosheit, die ein einziges Ziel hat: den anderen, der gerade im Rampenlicht bejubelt wird, zu treffen.

„Das war ein schrecklicher Moment für Muckel", erinnert sich Christian. „Die Stimmung war so aufgeladen, so euphorisch, das Publikum hat ihn so gefeiert, auch die anderen Musiker waren so dabei, so positiv – und dann kommt Mirko und haut diesen Spruch raus, der alles zerstört!"

Was braucht ein Musiker, um auf der Bühne richtig gut zu sein? Bei Ritchie Blackmore, Gründer von Deep Purple, ist es Wut: „Ich empfinde immer Wut, wenn ich spiele. Ich wollte auch immer einen schlechten Ruf haben, weil die Leute mich dann in Ruhe lassen". Bei einem Open Air in Kalifornien lässt er 350.000 Besucher stundenlang in der Gluthitze schmoren, um während des Auftritts drei Gitarren zu schreddern und anschließend den

KAPITEL XX

Marshall-Amp mit Benzin in die Luft zu jagen. Schon eine Lächerlichkeit reicht Blackmore aus, um dem Sänger Ian Gillan einen Teller mit Spaghetti ins Gesicht zu drücken. Später lachen sie miteinander und legen einen guten Auftritt hin. Man kennt sich. Und so ist ja auch das Klischee: Heavy Rock ist nichts für Zartbesaitete. Wenn's ruppig zugeht, sind sie in ihrem Element.

Aber Muckel ist anders. Man muss ihn nur ansehen, wenn er spielt. Keine aggressiven Grimassen oder gequält verzerrten Gesichtszüge (wie sie auf Videos von Gary Moore die Zuschauer peinigen). Stattdessen ein entspanntes Gesicht, mal konzentriert, mal grinsend, mal verschmitzt, oft auf der Suche nach Blickkontakt. Muckels Antrieb ist nicht Wut, sondern Freude, seine Basis nicht Aggression, sondern Harmonie. Kein Wunder, dass er in schmelzenden Melodien wie *Samba Pa Ti* und *Still Got The Blues* so richtig aufgeht. Wie soll er gut sein, wenn in der Band Unfrieden herrscht?

Aber die zunehmenden Spannungen bei Meiselgeier zerren nicht nur an seinen Nerven. Tatsächlich ist es Jochen, der auf einmal das Undenkbare denkt: die Band zu verlassen. „Wir fühlten uns irgendwann hilflos und zermürbt. Das hat keinen Spaß mehr gemacht. Die ständigen Wechsel der Schlagzeuger, die abwertenden Sprüche. Ich hatte auch die Hoffnung verloren, dass es besser würde. Zudem war ich beruflich sehr eingespannt. Eines Abends vor der Probe sagte ich zu meiner Frau: ‚Heute steige ich aus.' Sie warnte: ‚Überleg's dir gut!' Ich: ‚Nee, mir macht's keinen Spaß mehr. Es nervt nur noch.'"

Mit einem Kloß im Hals fährt Jochen nach Prisser und setzt sich, wie es das Ritual ist, erst mal an den Tisch vorne im Bandraum. Alle sitzen da – und auf einmal ist es total nett. Volker scherzt, ist bester Dinge. In diese Stimmung hinein den Ausstieg verkünden? Nein, lieber danach. Es geht in den Proberaum, die

DER ANTRIEB: FREUDE. DIE BASIS: HARMONIE
In schmelzenden Melodien geht Muckel richtig auf. Und macht zum Glück kein „Guitar-Face" wie Gary Moore …

KAPITEL XX

Band spielt, es läuft gut und macht mal wieder richtig Spaß. Danach geht der gut gelaunte Schwatz am Tisch weiter. Jetzt aussteigen? Ach ... Jochen entscheidet: „Nee, hier steige ich nicht aus. Das ist so nett hier." Und damit ist das Thema für ihn endgültig vom Tisch.

Tatsächlich kommt schon bald danach der Bruch. Mirko verkündet per E-Mail, dass er keine Basis mehr sieht. Vorausgegangen ist ein Eklat. Der Schlagzeuger hat mitgeteilt, dass er das Konzert auf der KLP 2019, seinen einzigen verbindlichen Meiselgeier-Termin, nicht mitspielen kann, weil er einen anderen Gig hat. Die Musiker sitzen wieder am Tisch im Bandraum, als er davon berichtet. Mirko neben Barny, daneben Christian. Und der explodiert. „Er hielt einen Monolog von 15 Minuten, was alles scheiße war und gar nicht ging", berichtet Jochen. „Er zählte alles auf, was schiefgelaufen war. Alle schauten fasziniert zu, hörten gebannt, was Christian da abfeuerte. Mirko sagte gar nichts. Er brüllte auch nicht zurück. Er schien mir tief beeindruckt von Christians Ausbruch und Argumentation. Der war sehr aufgewühlt, argumentierte aber gut und klar. Er pöbelte nicht und brachte einfach die Dinge auf den Punkt. Ich war beeindruckt, fast amüsiert. Boah, was für eine Power!"

Die Band – wie erlöst. Ein Kapitel ist beendet. Ein neues beginnt. Eine wichtige Frage sucht eine neue Antwort: Wie wird man eigentlich ein Meiselgeier? Was muss man dafür mitbringen? Ein interessantes Spannungsfeld: Wie wichtig ist das Menschliche in der Musik, wie wichtig die Fähigkeit auf dem Instrument? Was prädestiniert einen, Teil dieses eigentümlichen Kosmos' zu werden, dieses fragilen Gebildes von eigenwilligen Charakteren? Wie gut muss einer sein und wie verschroben? Und wie bekommen die anderen das heraus? Wir sind live dabei.

KAPITEL XXI

> Don't turn your back on me, baby
> Stop messing around with your tricks
> Don't turn your back on me baby
> You just might pick up my magic sticks
>
> Santana, *Black Magic Woman*

DAS OHR

„Ich dachte, ich bin in einer Sekte gelandet."
Wir erleben eine *Audition*. So heißt es unter Musikern, wenn sie in Bands vorspielen, um ihre Eignung als potenzielle Mitglieder unter Beweis zu stellen. Sie haben sich zu Hause die Songs der Band draufgeschafft und sollen nun vorführen, dass sie musikalisch den Ansprüchen genügen und menschlich zumindest keine heftigen Abwehrreaktionen provozieren. So findet Ulli Kegel sich bei den Meiselgeiern ein. Anhand von Live-Aufnahmen hat er sich akribisch vorbereitet, ist hundertdreißig Kilometer von Pinneberg bei Hamburg nach Prisser gefahren und möchte nun lostrommeln. „Ich bin Arbeiter", sagt er. „Ich komme am liebsten zu einer Audition, sage: ‚Hallo, ich bin Ulli', frage: ‚Wo ist das Drumset?', und dann geht's los. Damit sich dieses Lampenfieber auflösen kann, das man als Neuling hat."

Nicht so bei Meiselgeier. Volker hat eingedeckt. Kaffee, Kekse, Bier. Zur Begrüßung sagt er: „Das gehört sich eigentlich nicht, aber ich nehm' dich trotzdem mal in den Arm." Die anderen sind dezenter, aber nicht weniger herzlich. Und dann soll Ulli erst mal von sich erzählen. Immer mal wieder jäh unterbrochen, wenn Bärchen oder Volker irgendeine Story über jemanden einschieben, den Ulli gar nicht kennt. „Wir schnackten eineinhalb Stunden. Ich wurde schon ganz nervös. Ich fragte mich: Wo bin ich hier eigentlich

KAPITEL XXI

gelandet? Die waren so herzlich, ich fand das schon fast unnatürlich." In neunzehn Bands hat Ulli gespielt, von Rock über Jazzrock bis Country, hat Tanzmucke gemacht, war bei zahllosen Sessions – aber das hier ist neu. Hat man nicht gehört, dass dubiose Lebensgemeinschaften auf diese Weise neue Mitglieder anwerben ...?

1961 ist Ulli geboren, seit dem elften Lebensjahr spielt er Schlagzeug, seit dem fünfzehnten Keyboard. Vater Willi ist Akkordeonist. Sie musizieren gerne zusammen. Mutter Ute geht dafür mit dem Jungen ins Musikaliengeschäft und kauft ihm Becken fürs Schlagzeug. Die Klassenkameraden hören David Cassidy und Smokey, Ulli am liebsten Santana. Als der im Hamburger CCH gastiert, sitzt der Dreizehnjährige in der dritten Reihe – und fühlt sich wie in einer anderen Galaxie! „Ich sagte zu meiner Mutter: ‚Bei Carlos möchte ich auch mal spielen.'" Ein paar Meter hinter ihm, genauso tief beeindruckt: Barny, Muckel und Helmut. Aber das erfahren sie erst durch dieses Buch.

Den langjährigen Meiselgeier Helmut lernt Ulli einige Jahre später kennen. Sie konkurrieren um den Posten des Schlagzeugers der Jazzrockband Palladium. „Die hatten ein beeindruckendes Equipment im dritten Stock im Bunker stehen. Total nette Leute. Und der Bassist konnte slappen. Ich hatte mein eigenes Schlagzeug mitgebracht, und sie waren echt angetan. Eigentlich hatte ich den Job. Aber abends rief mich der Bassist an und sagte, er hätte eine schlechte Nachricht: Nach mir sei einer gekommen, der ihnen noch ein bisschen besser gefallen hätte. Das war Helmut. Ich war am Boden zerstört. Aber ein paar Monate später wurde Helmut krank, und die Band bot mir den Posten an. Als Helmut dann wieder gesund war, lernten wir uns kennen – und lieben. Das ist unter Schlagzeugern selten." Zum ersten Mal hört Ulli diesen Namen: Meiselgeier.

ANFÄNGE EINES TROMMLERS
Und immer brav nach Noten üben!

HAUSMUSIK BEI KEGELS
Vater Willi spielt die Quetschkommode.

KAPITEL XXI

Als Keyboarder gründet Ulli die Band Zebra und braucht einen Schlagzeuger. Er bietet Helmut den Job an, und der steigt ein. Sie bespielen die Hamburger Bühnen und haben sogar einen TV-Auftritt beim Sender SAT 1. Da arbeitet Ulli als Tontechniker. Dort entwickelt er auch eine für die Musik entscheidende Fähigkeit: feine Ohren und aufmerksames Zuhören. Was Mitmusiker in Bands nicht immer erfreut.

Das erste Erlebnis mit Meiselgeier hat er 2005 im Hamburger *Logo* als Zuschauer. „Ich war erstaunt, wie viele Santana-Stücke sie spielten. Das gefiel mir natürlich gut." In der Pause fachsimpelt er mit Andreas über dessen Hammond. Der ist total stolz, dass ihn jemand auf sein Instrument anspricht. „Ich bin ein echter Hammond-Freak", gesteht Ulli. „Hammond spielen ist wie Harley fahren – man muss immer schrauben." Er kann stundenlang hingebungsvoll, detailverliebt und begeistert von Keyboardtechnik erzählen. „Meine musikalische Ausrichtung ist von Pink Floyd geprägt. Deswegen auch die Neigung zu überdimensionalen Equipments – ich liebe diese Gigantomanie. Mich hat nicht nur die Musik umgehauen, sondern auch die Ausstattung dieser Band. Das muss man einfach haben!" Ja, sein Schlagzeug ist auch nicht wirklich minimalistisch.

Im Februar 2018 kommt der Anruf von Helmut: Meiselgeier sucht einen Schlagzeuger. Zu diesem Zeitpunkt noch als Aushilfe, wenn Mirko für Auftritte mal wieder keine Zeit hat. Helmut gibt ihm die Telefonnummer von Muckel – und sie finden sich vom ersten ‚Guten Tag' an sympathisch. „Ich bin Ulli", ist seine Begrüßung, und Muckel antwortet: „Ja, ich weiß." Sie erzählen sich Geschichten über Geschichten, telefonieren fast eine Stunde, bis Muckel ihn schließlich zum Treffen in Prisser einlädt. „Dann merkte ich erst mal, was es bedeutet, wenn der Übungsraum hundertdreißig Kilometer entfernt liegt."

Und er stellt fest, dass ein potenzielles Bandmitglied sich bei Meiselgeier zunächst bei Kaffee, Keksen und Bier bewähren muss. „Schließlich wechselten wir dann doch in den Übungsraum – und dann ging es gut zur Sache. Mit *Sympathy For The Devil*. Christian übernahm das Zepter. Man weiß ja zu Beginn nicht immer, welche Funktion welches Bandmitglied hat, aber das war hier sofort klar." Ulli sitzt hinter den Drums, sie haben das erste Stück hinter sich, und er fühlt: „Ich war nass geschwitzt. Ich hatte lange nicht mehr so geschwitzt wie bei dieser Probe – weil ich als Trommler gegen die Lautstärke der anderen anspielen musste. Das war echt anstrengend! Uwe spielt dieses Brett, Barny knallt auf seine Congas – er macht das Timing bei Meiselgeier, da können sich alle draufsetzen, er ist absolut fest und sicher." Sie landen schnell bei Santana. Der liegt Ulli, die Fills und Breaks sind ihm vertraut. Zehn Stücke spielen sie, ohne Kommentare oder Korrekturen. Und gehen danach gut gelaunt auseinander. Der erste Eindruck: vielversprechend. Man verabredet sich auf weitere Proben. Ullis Stimmung auf der Rückfahrt: gut.

Die Situation ändert sich grundlegend nach dem Eklat mit Mirko. Jetzt geht es nicht mehr darum, einen Schlagzeuger als Aushilfe zu gewinnen – jetzt braucht die Band *den* Schlagzeuger. Dass das alles andere als ein Selbstgänger ist (und Meiselgeier alles andere als eine Sekte, die Mitglieder mit überbordender Herzlichkeit einwickelt), merkt Ulli ein paar Wochen später. „Wir hatten schon zweimal miteinander geprobt, aber ich war mir unsicher, ob ich wirklich einsteigen sollte", erzählt er, „die weite Fahrt, der zeitliche Aufwand, auch die Spritkosten. Es gab dann ein weiteres Treffen, bei dem Muckel nicht dabei war. Ich kam wegen eines Staus etwas später, und die anderen saßen um den Tisch vor dem

KAPITEL XXI

DER TANZMUCKER
Mit Schnauzer, passend zu Fliege und Glamour-Weste.

DER ROCKER
Mit Hang zur Gigantomanie. Man zähle die Toms …

Probenraum. Ich sah schon durchs Fenster, wie sie erregt diskutierten, und kam rein. Setzte mich hin, noch etwas schüchtern. Es war ein angeregtes Gespräch – nur Barny, der direkt neben mir saß, sagte gar nichts. Ich sprach ihn an: ‚Barny, ist irgendwas, passt dir etwas nicht?' Und dann kam es aus ihm wie ein Donnerschlag: ‚Ihr seid alle so für Ulli. Ich werd' hier gar nicht gefragt. Mirko war auch nicht schlecht. Okay, der war eckig, der hat rumgemotzt, aber der hat wenigstens gesagt, was er meint. Mir ist das hier alles zu weichgespült!' Und dann, zu mir: ‚Das meine ich nicht persönlich!' Meine Antwort: ‚Doch, das meinst du persönlich.' Dann war erst mal betretenes Schweigen. Mein Puls war ungefähr bei hundertzehn, und ich fragte mich, ob ich jetzt gleich zeigen müsste, dass ich nicht weichgespült bin – indem ich aufstehe, sage: ‚Danke, meine Herren, das war's', und gehe. Ich war knapp davor."

Er geht nicht. Die Entscheidung ist gefallen: Er will dabei sein. Wenn schon nicht mit Carlos Santana spielen, dann mit Muckel und Bärchen – klingt auch sehr geil! „Die Titel von Meiselgeier geben mir viel. Es gibt keine andere Band, die ein solches Programm spielt. Ich kenne keinen anderen Gitarristen, der mit solcher Leidenschaft Santana spielt wie Muckel. Und selbst, wenn es diesen Gitarristen gäbe – du brauchst ja auch noch die Hammond und die Percussions. Und die haben wir! Ich liebe das!" Trotzdem bedarf es nach dem Treffen noch einer ausführlichen Telefondiplomatie, um den Ärger komplett auszuräumen. Dann ist die Sache klar. Ulli wird ein Meiselgeier. Und denkt sich im Stillen: „Barny wird mich schon noch besser kennenlernen."

Während der Proben stellt sich heraus, was er auch damit meint: Er nervt. Also manchmal. Nur halb ironisch nennt er sich „Herr Kegel, der Musik-Pedant." Er erlebt eine routinierte Band, die ihre

Stücke schon sehr lange spielt und darüber ein bisschen betriebsblind geworden ist. Oder besser: betriebstaub. Er dagegen muss sich die dreißig Stücke, die das aktuelle Programm ausmachen, neu erarbeiten – „und dabei fällt mir natürlich etwas auf. Ich bin als Tontechniker vom Fernsehen gewohnt, absolut genau hinzuhören. Ich arbeite chirurgisch. Und bei der Version von *Tobacco Road*, die Meiselgeier spielte, hatte mich immer etwas gestört. Ich wusste erst nicht, was es war. Aber dann spielte ich den Lauf auf dem Keyboard mit und merkte, dass der tragende Lauf des Songs nicht zwei Takte, die jeweils wiederholt werden, lang ist, sondern vier Takte. Jedenfalls im Original von Eric Burdon." Da endet der Lauf nach den ersten zwei Takten nicht auf E, wie Meiselgeier es bisher spielt, sondern auf G. Erst beim zweiten Mal geht es auf das E. Ein kleiner, aber wichtiger Unterschied.

Am Telefon mit Muckel bemängelt Ulli das. Und spürt sofort dessen Widerstand:

„Wir spielen eben unsere Version."

„Jetzt habt ihr aber mich an der Backe, und mir ist das wichtig. Wir können wenigstens mal versuchen, ob's geht und vielleicht doch besser klingt."

Was er bei der nächsten Probe einfordert. Von Christian kommt ein schneller Konter:

„Nee, das machen wir nicht. Meiselgeier spielt das anders."

„Dann bin ich geneigt, mich abzufinden", erläutert Ulli seine Gefühlslage. „Ich möchte nicht penetrant sein. Ich wünsche mir eine harmonische Band. Mir liegt viel an der menschlichen, an der kollegialen Ebene. Dafür muss man sensibel sein." Harmonie geht ihm vor Perfektion. Aber er hat offenbar Christians Ehrgeiz angepiekst. Kurze Zeit nach der Probe schreibt der ihm eine Mail: Ja, er habe sich *Tobbaco Road* noch einmal genau angehört und finde den authentischen Lauf auch besser. Man werde dran arbeiten. Da geht also noch etwas.

So langsam kommt der Neue in der Band an. „Ich bin da gut aufgehoben", findet er. „Ich habe so viele Musiker mit all ihren Eigenarten und Verschrobenheiten kennengelernt. Darüber bin ich sehr tolerant und geduldig geworden. Man muss bei Meiselgeier schon ein bisschen etwas aushalten können. Aber meine Erfahrung ist: Du wirst nie eine Band finden, in der alle perfekt spielen und auf Augenhöhe miteinander umgehen können."

Aber das heißt ja nicht, dass alles so bleiben muss, wie es ist. Was das feine Ohr des Musik-Pedanten Kegel noch mehr peinigt, ist, was Volker dieses „Laut- und-leise-Ding" nennt: die Dynamik. Ja, Christian hat der Band schon durchaus mehr Disziplin eingebimst, aber da geht noch was, findet Ulli. „Ich vergleiche Musik mit einem Gespräch zwischen Musikern. Und Meiselgeier spielt wie eine aufgebrachte Talkrunde im Fernsehen. Wenn die Teilnehmer mittendrin sind, der Grünen-Politiker gegen den Lobbyisten der Unternehmer wettert, und der Gewerkschafter auch endlich mal zu Wort kommen will. Und alle schaukeln sich gegenseitig hoch." Er seufzt. „Ach, wenn doch alle ein bisschen mehr zuhören würden. Zum Beispiel, wenn Christian zu singen beginnt, sollten wir leiser werden. Wirklich ur ganz kurz – drei Sekunden!" Der Tontechniker begründet, warum das wichtig ist. „Diese drei Sekunden reichen aus, damit das Ohr die neue Klangfarbe identifiziert und sich auf sie konzentrieren kann. Das hat etwas mit Aufmerksamkeit und Wertschätzung für den anderen zu tun."

Die erste Feuerprobe mit dem Neuen kommt in Pevestorf, dem letzten Konzert des Jahres am 27. Dezember und traditionell ein besonderes Event für die Beziehung zwischen Meiselgeier und den

KAPITEL XXI

Fans. Dass Ulli den Gig Ende 2018 spielen soll, liegt am überraschenden Bruch mit Mirko. Das Programm ist ihm zwar leidlich vertraut, aber halt noch in der Annahme, die Songs irgendwann mal als Aushilfe zu spielen. Jetzt ist er plötzlich der reguläre Drummer der Band und die Sache klar: „Dann spielen wir Pevestorf eben mit Ulli." Allerdings unter erschwerten Bedingungen. Denn in den beiden Monaten vorher hat Muckel keine Zeit für Proben: Er muss sich um seine Hut-Verkaufsstände auf zehn Weihnachtsmärkten kümmern – das wichtigste Geschäft des Jahres. Also keine Proben mehr. Aber auch kein echtes Problem, findet Ulli, cool nach zahllosen Auftritten. „‚Okay', sagte ich, ‚ich schaffe mir das so gut drauf, wie's geht, notier mir die wichtigen Breaks, und dann schauen wir mal'. Es gab also zwei Kennenlern-Proben und sonst nix. Wir hatten von dreißig Stücken vielleicht zwanzig gespielt, an denen auch ein bisschen geübt. Und Christian sagte am Telefon: ‚Mach dir keine Sorgen, das ist ja gar nicht so richtig ein Konzert, das ist ja für die Fans, das ist quasi Familie.' Und ich dachte: Das sollten wir doch schaffen."

Der Tag prägt sich ihm ein. „Wir bauten auf, und ich merkte das erste Mal, wie groß das Equipment von Meiselgeier ist. Alle wirkten total konzentriert, etwas in sich gekehrt. Bisschen komische Stimmung. Die anderen bedrängte wohl die Sorge: Geht das heute gut mit Ulli? Aber keiner mochte das aussprechen. Ich ließ mich davon nicht irritieren, weil ich wirklich gut vorbereitet und überzeugt war, dass wir das gut hinkriegen. Um 20 Uhr wollten wir anfangen. Der Saal war voll. Und dann erinnerte ich mich schlagartig an das Telefonat mit Christian. Mir schoss es durch den Kopf: ‚Was heißt hier ‚nur für die Fans'? Das sind *die* Meiselgeier-Fans! Scheiße! Und du spielst jetzt gleich ungeprobt mit der Band zwei große Sets, mit Santana-Stücken und einem Schlagzeug-Solo. Die Fans kennen die Musiker alle besser, als du sie kennst! Da sind zwanzig Musikerpolizisten und hundert Fans, die alle wissen wollen, wie der neue Trommler spielt! Da stieg für einen kurzen Moment richtig Panik in mir auf!" Er atmet aus. „Ich mag ja Lampenfieber. Das fokussiert mich. Aber das war so ein ‚Ach, du Scheiße!'-Gefühl, das darüber deutlich hinausging. Das Hirn wurde für einen Moment weich und weiß. Weil das Blut komplett in die Hose gesackt war."

Aber die Panik hält nur kurz an. Dann kommt die Spielfreude. Der erste Beckenschlag – ein herrliches Gefühl! „Ich hatte mich ganz professionell gesammelt, genau hingehört, was Barny am Beginn von *Sympathy For The Devil* spielt – und dann den Beckenschlag gesetzt: Paff! Der klang wie eine Ohrfeige und saß genau auf dem Punkt! Dann ging's in den Groove. Der erste Blick wieder zu Barny, aber der gab nicht zu erkennen, ob er zufrieden war oder nicht. Der dachte vielleicht: Lass den erst mal machen. Aber dann lief's. Dann merkte ich, wie Christian alles dirigiert, fast ein bisschen zu deutlich, weil ich ja vorbereitet war. Immer wenn er sich umdrehte, dachte ich: Ja, ich weiß. Aber er freute sich wie Heini, wenn wieder etwas gut geklappt hatte."

Heute weiß Ulli: Das macht der immer so.

KAPITEL XXII

> With a few red lights and a few old beds
> We made a place to sweat
> No matter what we get out of this
> I know, I know we'll never forget
>
> Deep Purple, *Smoke On The Water*

BORN TO BE MEISELGEIER

Der Riff kommt mit Macht. Mit wuchtiger Geste greift Muckel in die Saiten und grinst ins Publikum. Das berühmteste Intro der Geschichte des Rock erklingt. Sieben Powerchords, die jeder sofort erkennt. „Dab dab daam, dab dab da daam" – *Smoke On The Water*, 1972 von Deep Purple auf dem Album *Machine Head* veröffentlicht. Einer der erfolgreichsten Rocksongs *ever*.

Das Publikum kreischt ekstatisch, auf der Bühne bricht Hektik aus. Ulli blättert hastig in seinen Noten, Bärchen und Volker starren Christian an. Der macht ein zitronensaures Gesicht. Dann wendet er sich ohne Zögern um und ist in drei Schritten bei Muckel. Er schaut ihm direkt ins Gesicht und packt mit der rechten Hand den Gitarrenhals. Der Riff erstirbt. Nur ein Kratzen kommt noch aus den Boxen. Jochen erschrickt, Barney erstarrt, Volker grinst. Für einen Moment fixieren Muckel und Christian einander, ein Machtkampf mit Blicken auf offener Bühne.

Es ist wieder KLP im Wendland, die Kulturelle Landpartie 2019. Das wichtigste Event des Jahres im Landkreis, wie immer an den zehn Tagen von Himmelfahrt bis Pfingsten. Zehntausende Besucher fluten die Dörfer und bekommen von gefilzten Mützen über selbst gemachte Liköre und handgeschmiedete Grills bis zu ambitionierter Kunst alles präsentiert, was diese Hochburg der Künstler,

KAPITEL XXII

Hippies, Freaks und Aussteiger zu bieten hat. Die Höfe hinter den Fachwerkhäusern öffnen sich. Meditatives Mandala-Schneiden, Lach-Yoga, traditionelle Körperbemalung, Flamenco-Performances, Rockkonzerte und Castor-Wanderungen: Hunderte Veranstaltungen warten auf Neugierige. Eine Mischung aus Kulturfestival und alternativer Kirmes. Mittendrin: Meiselgeier. Auch für die Band ist es das wichtigste Konzert des Jahres, sie ist selbst der Veranstalter. Deswegen soll alles so perfekt wie irgend möglich über die Bühne gehen. Ein Anspruch, der gerne auch mal das Gegenteil bewirkt. Die Spannung ist mit Händen zu greifen.

Seit 2003 ist Meiselgeier Teil der KLP, der Hof der Rathjes Auftrittsort, Pfingstsamstag der traditionelle Auftrittstermin. Auf der Wiese hinter dem Gehöft verteilen sich mehrere Zelte: ein Café, Secondhandware, Gefilztes, Selbstgenähtes, selbst gezüchtete Pflanzen. Ein Hippie-Zeltlager, Dreadlocks, typisch für das besondere Flair dieser Tage im Wendland. Es passt gut zur Musik, fünfzig Jahre nach Woodstock. Und natürlich hängt da die Flagge mit dem ikonischen Logo „Atomkraft? Nein danke!", schon etwas verblichen. Eigens aus Fehmarn sind Fans angereist, sie schlafen in Zelten oder Wohnmobilen auf der großen Wiese neben dem Gelände, wo das Konzert über die Bühne gehen wird.

Vorne herrscht die Nüchternheit des Handwerksbetriebs. Auf dem Asphalt der großen Fläche vor der Bühne stehen fünfzehn Biertisch-Garnituren. Der Straßenbelag ist zwar nicht gerade stimmungsvoll, hat aber den Vorteil, dass die Zuschauer bei regnerischem Wetter nicht im Matsch tanzen müssen (so ist das andernorts auf der KLP). Mehrere Hundert Leute kommen jedes Jahr zum Konzert, 2017 waren es sensationelle achthundert. Ein langer Tresen ist aufgebaut, dahinter mehrere Grills und der Kühlwagen mit den Getränken, Vorbereitungen für reichlich Andrang.

Wie viele Besucher es dieses Jahr werden? Das weiß man erst am Abend, einen Vorverkauf gibt es nicht.

In der Nacht hat es gegossen, jetzt weht es kräftig. Mit kritischem Blick schaut Christian, ob aus Westen dunkle Wolken nahen. Er hat schon am Vorabend begonnen, Monitorboxen auf der Bühne zu verteilen. Hinter seiner kontrollierten Fassade brodelt es. Das Vorjahr ist in unangenehmer Erinnerung: Ein Brummen in der Anlage hatte den Sound versaut, war das gesamte Konzert über nicht in den Griff zu bekommen gewesen, Fans hatten sich beschwert. Deswegen sollte in diesem Jahr eigentlich ein Sound-Profi den Ton übernehmen, aber der merkte kurz vorm Termin, dass er schon anderweitig gebucht war. Deswegen ist der Sound wieder Christians Job.

Er sortiert, organisiert, baut auf, macht Meter zwischen dem Übungsraum, wo die Anlagen stehen, dem Mischpult und der Bühne. Um die achtzig Kabel sind zu verdrahten. Nach einer Weile kommen Barny, Andreas und Jochen, um ihre Instrumente auf die Bühne zu holen. Volker schimpft: Der Getränkedienst hat das Mineralwasser vergessen und eine Bedienung an der Theke kurzfristig abgesagt. Als Andreas ankündigt, er wolle jetzt mal ein Bier trinken, kommt es von Christian unmissverständlich: „Kein Bier! Das macht müde!"

Um 15 Uhr trudelt Muckel ein, gut gelaunt und ein bisschen erledigt. Auf einem Kunsthandwerkermarkt, der am Sonntag im hundert Kilometer entfernten Trittau stattfindet, hat er seinen Marktstand aufgebaut und sich durch den Pfingst-Stau nach Dannenberg gekämpft. Schließlich ist auch Ulli da und beginnt sein eindrucksvolles Schlagzeug aufzubauen.

Gegen 17 Uhr die ersten Akkorde aus der Anlage. Dann das ewig gleiche Ritual: die Abstimmung zwischen Musiker und Mann am Mischer. „Test, test, test ..." Nichts für Ungeduldige. Dann

KAPITEL XXII

jammt die Band über den zwei Akkorden von *Evil Ways*. Etliche Minuten, während Christian am Mischpult, die Kopfhörer aufsetzend und wieder abnehmend, den Sound einstellt. Was neu ist: Muckel hat einen Sender an seiner Gitarre, der sie mit dem Amp verbindet. Jetzt kann er von der Bühne runtergehen und seinen eigenen Sound von draußen überprüfen. Ist er auch laut genug? Die Urangst jedes Gitarristen, dass er nicht richtig zu hören sein könnte. „Wer will Andreas' Gesang auf seinem Monitor?" ruft Christian. „Keiner, oder!?" Pause. „Um diese Zeit muss ein Scherz erlaubt sein."

Schließlich kommt guter Sound aus den Boxen, die Beteiligten trollen sich, klönen mit Gästen. Um 19 Uhr dann das KLP-Ritual: In Volkers Küche gibt es selbst gemachte Schnittchen, drei riesige Platten voll, dazu gekochte Eier mit Remoulade. Kein Bier. Volker nutzt die Gelegenheit für eine Pointe: In einer Geldkassette, in der im vergangenen Jahr die Eintrittsgelder gesammelt wurden, haben sich noch 1150 Euro gefunden, eingeklemmt zwischen Metall und

Plastikeinsatz! Was erneut beweist: Ums Geld geht's hier nicht. Deswegen sind die Meiselgeier auch stolz, dass der Eintritt von Beginn an nur fünf Euro beträgt. Wer kommen möchte, soll sich die Band leisten können. Dann gibt Christian noch mal Orientierung: „Schön straight spielen, keine Licks, die uns rausbringen wie in Hitzacker!" Ulli guckt betreten: „Habe ich euch rausgebracht?" Muckel springt ihm bei: „Das ist doch mein Job, alle rauszubringen …"

Um halb acht füllt sich der Platz, alle Plätze an den Biertischen sind besetzt, und die Leute strömen herein. Siebenhundertfünfzig sind es schließlich, viele davon alte Bekannte. Sie sind mit den Songs der Band aufgewachsen und lieben sie immer noch. „Das is' hier ein bisschen wie früher Schützenfest", kommentiert Volker, „nur mit besserer Musik. Man trifft sich, trinkt, redet dummes Zeug." Der Wind hat aufgehört, der Himmel färbt sich immer dunkler blau, das Wetter meint es gut. Auf der Treppe, die in das Oberge-

schoss eines Anbaus führt, drängen sich die Leute. Am Geländer hängt ein fünf Meter langes Banner: *„We love Meiselgeier"*. Der Fanclub.

Eine lustige Truppe, angereist aus Stendal: eine Mutter, Dorothea Wittke, mit zwei Töchtern und einem Sohn. Seit neun Jahren kommen sie zu Auftritten der Band, anfangs auch mit dem Vater – bis zu dessen frühem Tod. Die Songs haben sich tief eingegraben in das Selbstverständnis der ostgeborenen Frau: „Wir haben die Musik damals heimlich gehört. Die war ja verboten. Da bekam man die Kopie von der Kopie von der Kopie auf Kassette. Oder wir saßen nachts vorm Radio und haben West-Sender gehört." Ein Hauch von Freiheit wehte da aus dem Lautsprecher des Weltempfängers, und diese schöne Erinnerung verbindet sich auf immer mit *All Right Now* oder *Born To Be Wild*. Wie Meiselgeier die Songs auf die Bühne bringt, handgemacht und ohne Allüren, wie die Musiker zugänglich sind und sich geehrt fühlen, wenn da Fans viele Kilometer fahren, um zum Konzert am 27. Dezember sogar selbst gestrickte Socken als Geschenk zu überreichen – das hat sie in Treue verbunden. Sie gestalten eigene Meiselgeier-Shirts, malen ein großes Banner mit der Aufschrift *„We love Meiselgeier"* und haben bei Konzerten ihren angestammten Platz: ganz vorne, erste Reihe. Da rocken sie so richtig ab.

Dann beginnt die Show. Barny mit rotem Overall und rotem Zylinder legt los, mit weit ausholenden Schlägen auf seine Congas. *Sympathy For The Devil!* Der Platz ist gut gefüllt, die Menge wogt hin und her. Das Heimspiel geht gut los. Vertraute Helden: Stones, Steppenwolf, Santana, Eric Burdon, Jimi Hendrix – oft gehört, oft gespielt, aber auf zauberische Weise immer noch frisch und aktivierend. Mit großen Gesten seiner Gitarre dirigiert Christian die Band und zeigt die Breaks an, Muckel grinst und soliert, Volker gibt sich ungerührt. Die vertraute Ausstrahlung von Bassisten. Den Einstieg von *I'm A Man,* eine Nummer der Spencer Davis Group und neu im Programm, versemmelt er. Eine kurze Irritation mit Ulli, der den Takt nicht richtig erkennt. Christian stampft vor, und nach wenigen Augenblicken ist die Band da. Es ist wie immer: Das Publikum merkt nichts, nur die Musikerpolizisten in der hintersten Reihe furchen die Stirn. Interessante Debatte am Rande: Rainer Berg beschwert sich über den Sound. Einer von den Fans aus Fehmarn macht ihn an: „Du redest hier die ganze Zeit über den Sound. Das machst du jedes Jahr – das nervt! Das ist hier eine große Party. Und wenn das Ganze noch besser wäre, würde hier alles aus den Nähten platzen."

Das Konzert läuft gut. Die Dramaturgie ist erprobt und funktioniert. Das Santana-Medley lässt die Percussions glänzen, die Hammond-Orgel von Andreas jault, dass es eine Freude ist. Hat sich mal wieder gelohnt, das Monstrum auf die Bühne zu schleppen. Bei *All Along The Watchtower* kann Muckel richtig loslegen. Bei *La Grange* von ZZ Top nutzt er die neue Freiheit des Senders an seiner Gitarre, steigt von der Bühne und tanzt die Frauen im Publikum an. Das Spielzeug ist wie für ihn erfunden. Kurz vor der Pause ist das Konzert so richtig in Gang gekommen, die Menge grölt aus voller Kehle mit: *„All right now, baby, it's a …"*

Während der Pause ernste Gesichter im Bandraum: Der Sound ist ein Problem. Nicht fürs Publikum, wo es anfangs zu leise ist, bis Gerdchen am Mischpult nachregelt, aber auf der Bühne. Es ist viel zu laut. „Mir pfeifen die Ohren", klagt Jochen. Kaum hat das zweite Set begonnen, fällt das Mikro, das Muckels Amp für die große Anlage abnimmt, aus der Halterung in den „Soundformer", der vor der Box hängt. Eine unangenehme Rückkopplung ist die Folge. Und während sich Barny, Jochen und Ulli bei *Soul Sacrifice* so richtig reinhängen, um alles aus ihren Armen und Instrumenten herauszutrommeln, stürmt Christian zum Mischpult, um den Sound auf den Monitoren in den Griff zu bekommen.

Die Stimmung ist super. Vor der Bühne rocken die Mädels vom Fanclub ab, aber nicht nur sie. Auch zwei ältere Behinderte haben sich an den Händen gefasst und tanzen in ihrem ganz eigenen Rhythmus. Ein echter Gänsehaut-Moment: *Still Got The Blues*. Die Gitarre weint, als betraure sie den 2011 verstorbenen Gary Moore. Bei *Room To Move* hat Barny seinen großen Auftritt: Er bläst sich mit seiner Harp die Lunge aus dem Leib. Das Publikum jubelt dagegen an.

Und dann erklingen die ersten Takte von *Smoke On The Water* – und Christian greift Muckel in die Saiten. Der hält inne. Er lässt den Riff ausklingen. Christian, ins Mikro zum Publikum: „Das war jetzt noch nicht dran." Muckel über sein Mikro: „Aber es hätte euch doch gefallen?" Gejohle aus den ersten Reihen. „Immer müssen uns die Jungen stören", ruft er hinterher. Dann löst sich die Szene in lässiges Grinsen auf. Ein sphärisches Dröhnen kommt aus der Anlage. Andreas hat mit *Gamma Ray* begonnen. Es geht weiter mit dem Programm.

Wir stellen uns vor: Bei einem Konzert von Deep Purple hätte Ian Gillan Ritchie Blackmore in die Saiten gegriffen. Ein paar Augenblicke später hätten Sanitäter Gillan von der Bühne tragen müssen. Und wir erinnern uns, wie Muckel seine Gitarre bei der allerersten Meiselgeier-Probe mit einem Fausthieb vor Barny schützte. Christian hat es besser. Jetzt ist nicht die Zeit für Kämpfe. Sie haben sie ausgefochten und sich nicht geschont. Jetzt geht es nicht ums Ego, sondern um die Band. Um das Publikum. Muckel fügt sich und überspielt die Szene souverän. Manche Konzertbesucher meinen hinterher, da hätten Christian und Muckel eine coole Showeinlage inszeniert.

Es braucht nicht lange, bis die Irritation auf der Bühne überwunden ist. Das Publikum ist viel zu gut drauf. *Gamma Ray* klingt noch ein bisschen verhalten, aber bei *Radar Love* haben sich Christian und Muckel wiedergefunden. Sie rocken die Bühne. Die Energie erreicht den Siedepunkt, als dann wirklich *Smoke On The Water* dran ist. Selbst Volker macht ein paar Tanzbewegungen, ein echter Gefühlsausbruch. In den Gesichtern der Musiker strahlt die Freude über die gute Stimmung. Sie haben es wieder geschafft.

Schließlich *Born To Be Wild* – der Höhepunkt als letztes Stück vor der Zugabe. Die Hymne der Harley-Fahrer, das Bekenntnis einer Generation.

I like smoke and lightning
Heavy metal thunder
Racin' with the wind
And the feelin' that I'm under
Yeah Darlin' go make it happen
Take the world in a love embrace
Fire all of your guns at once
And explode into space

Like a true nature's child
We were born, born to be wild
We can climb so high
I never wanna die

Christian feuert die Menge an zu singen: „Born to be wild". Er ruft die Namen der Meiselgeier ins Mikro.

KAPITEL XXII

„Jochen ist ..."
Und die Menge schreit: „... born to be wild!"
„Barny ist ..." „... born to be wild!"
„Ulli ist ..." „... born to be wild!"
„Muckel ist ..." „... born to be wild!"
„Andreas ist ..." „... born to be wild!"
„Volker ist ..." „... born to be wild!"
„Und ich bin sowieso ..." „... born to be wild!"

Eine Band aus dem Wendland, 1972 in der Bronx von Dannenberg gegründet. Immer noch lautstark dabei. Der Geist jener Zeit, der Aufbruch zu Freiheit, Abenteuer und Autonomie lebt in ihren Songs. Die Wiederholung nutzt sie nicht ab – sie hält sie frisch. Sieben Musiker und ein guter Geist bringen sie immer wieder auf die Bühne. Dafür werden sie von ihren Fans geliebt. Weil die es jedes Mal wieder erleben:

Diese acht sind BORN TO BE MEISELGEIER.

EPILOG

**Have mercy.
A haw, haw, haw, haw, a haw.
A haw, haw, haw.**

ZZ Top, *La Grange*

EPILOG

WE! WANT! MORE!

Auf einer Nebenbühne von *Rock am Ring* spielen. Anreise mit dem Nightliner. Das könnte sich Gerdchen gut vorstellen. Vor allem den Nightliner. Er hat schon mal die einschlägigen Zeitschriften konsultiert. „Da muss natürlich alles drin sein: auch eine Bar! Und natürlich für jeden eine Sitzbank! Das wär's doch, eine echte Gaudi." Er grinst vergnügt. Vielleicht zum 50. Geburtstag von Meiselgeier im Jahr 2022?

Auf dem Open Air in Burg Herzberg spielen. Das würde Christian gerne. Transportmittel erst mal egal. „Ein richtig geiles 70er-Jahre-Festival. Da gehören wir einfach hin. Das wissen die Veranstalter noch nicht, aber wir gehören da hin." Optimistisch klingt es.

Stattdessen: vor allem Benefiz-Konzerte. Aus Solidarität mit denen, die es in diesem ganz besonderen Jahr 2020 so übel erwischt hat. Vielleicht ab Herbst oder Winter, wann immer es wieder möglich und erlaubt ist. Im Landkreis, in Lüneburg, in Hamburg. Damit die Festivals und Clubs und Veranstalter und PA-Verleiher wieder auf die Beine kommen. Denn vom März des Jahres 2020 an hieß es bei Meiselgeier genau wie bei allen anderen: „Wir bleiben natürlich auch zu Hause!"

Corona.

EPILOG

Das Jahr hatte so sagenhaft mit einem Auftritt in Lübeck begonnen. Neuer Kontakt, neues Publikum und ein sensationeller Erfolg. Der Saal hatte getobt. Aber mit dem Virus kamen die Absagen. Am bittersten war die der Kulturellen Landpartie mit dem Aus für das Hauptevent der Band. Kein Konzert auf dem Hof der Rathjes (dort wäre auch dieses Buch vorgestellt worden – wir hatten eine rauschende Party im Sinn). Statt frenetischen Jubels die große Stille.

Aber das ist das Gute an einer Band mit so langer Historie: Sie ist krisenerprobt. Sie hat sich zwischen 1976 und 1995 eine Pause von 19 Jahren gegönnt, um danach besser denn je zurückzukehren. Was sind im Vergleich dazu ein paar Monate, vielleicht ein Jahr? Eben. Und ist es danach nicht wie beim ersten Sex, nachdem man sich eine Weile nicht gesehen hat – intensiver, leidenschaftlicher, überraschend neu? Songs, die sich ausgenuckelt angefühlt hatten, klingen auf einmal frisch und voller Energie. Die Marotten der anderen, die einem zuletzt so auf die Nerven gegangen waren, sind auf einmal lieb gewonnene *special effects,* auf die man sich richtig freut. Pausen können sehr belebend wirken.

Und es wird ja vieles sein wie vorher. Die immer mal wieder knisternde Rivalität zwischen Christian – dem Taktgeber, der sich um Struktur und Klarheit bemüht – und Muckel, dem Anarcho, der an den verblüffendsten Stellen für Überraschungen sorgen kann. Die unfassbare Präsenz von Barny, der nur mit dem Schellenkranz dasteht und trotzdem alle Blicke auf sich zieht. Volkers stoische Miene, die perfekt verbirgt, dass er am liebsten alle, die sich da vor der Bühne eingefunden haben, umarmen möchte; einfach, weil sie da sind. Die raumgreifenden Gesten über den Tasten der Hammond von Bärchen Andreas und sein Gebrummel, wenn die Technik mal wieder nicht so will wie er. Der leise Perfek-

WE! WANT! MORE!

DEMNÄCHST AUF WELTTOURNEE?
Hier hängt schon mal ein Plakat vor der Deutschen
Botschaft in Pakistans Hauptstadt Islamabad.

JUBEL BEIM JAHRESHÖHEPUNKT AUF DER KLP
Geschafft! 750 Leute zum Jubeln und Abrocken gebracht.
Und so soll es wieder werden: 2021, 2022, 2023 …

tionismus von Ulli, der sich sehnlichst wünscht, dass eine ganz bestimmte Passage bei *All Along The Watchtower* rhythmisch herausgearbeitet wird, statt einfach drüberzubügeln. Was wiederum mit Jochens Wünschen kollidiert, der so gerne neue Songs einüben möchte, statt sich immer wieder an den alten abzuarbeiten. Und Gerdchen, der wie seit 1972 den An- und Abtransport des Equipments organisiert, bis auf Weiteres mit Anhänger statt Nightliner, und sich kümmert, worum man sich kümmern muss.

Wie ein altes Ehepaar, sagt der alte Freund Franzl Klahn. Allerdings angesichts der Dauer der Beziehung mit überraschend großer Energie.

Ulli, erst seit Ende 2018 dabei, hat den frischesten Blick auf diese Paardynamik. Er sagt: „Das gibt's ja sonst nur im Puff: dass man als Fremder kommt und als Freund geht. Aber so ist das bei Meiselgeier." Er hat auch eine plausible Erklärung dafür, warum seine *bandmates* fünfzig (na gut: seit *fast* fünfzig) Jahre lang immer dieselben (okay: *fast* dieselben) Stücke spielen. „Weil sie die nun mal am besten können. Und andere Bands können das eben nicht so gut."

So einfach ist das.

DANKSAGUNG

Eine Biografie zu schreiben, ist immer ein Wagnis. Mauern die Leute, von denen sich der Autor Futter für seine Geschichte erhofft, oder sind sie mutig, öffnen sich und erzählen nicht nur die tollen, sondern oder auch die negativen Erlebnisse? Die Meiselgeier – das werden die Leser*innen jetzt bestätigen – sind mutig. Dafür bin ich sehr, sehr dankbar! Allen Meiselgeiern, aber auch Franzl Klahn, Helmut Grabow, Rainer Berg. Es waren spannende Gespräche mit wunderbaren Gastgebern.

Zu einem Buch tragen freilich noch mehr bei. Zuallererst danke ich meiner Frau Luzi Rohde. Sie hatte die Idee zu dieser Biografie. Sie war die erste Leserin, gab wertvolle Hinweise, war emotionale Stütze bei Durchhängern und nicht zuletzt diejenige, die die Fotos ausgesucht und zusammengestellt hat.

Carsten Abelbeck danke ich für das wunderbare Layout, das er nicht nur entworfen, sondern bis ins kleinste Detail ausgestaltet hat. Ein großer Dank auch an Katharina Harde-Tinnefeld für das geschmackvolle Lektorat und die akribische Fehlerkorrektur.

Rainer Erhard hat die großartigen Porträts der Meiselgeier fotografiert – sie haben uns glatt umgehauen. Von Kai Kestner stammen das hinreißende Cover-Foto sowie weitere Bühnenaufnahmen der Band.

Ein besonders liebevoller Dank schließlich an die Mutter von Barny und Muckel, an Uschi Rathje, Mutter Meiselgeier. Sie hat die Band 1972 in ihrem Wohnzimmer proben lassen – *eine Rockband in ihrem Wohnzimmer*! Wow!

MEISELGEIER – DIE MUSIKER SEIT 1972

SCHLAGZEUG
Franz ‚Franzl' Klahn, Helmut Grabow, Jochen Winkler,
Hans Joachim ‚Jockel' Siemers, Ulrich ‚Ulli' Kegel, Holger Koch,
Bernd Roitzsch, Sören Tecklenburg, Henning Schröder,
Sascha Madsen, Sebastian Madsen, Sebastian ‚Zapp' Meyer

KEYBOARD/ORGEL
Andreas ‚Bärchen' Sauck, Alexander Thiele,
Gerd ‚Sammy' Trunczik

GITARRE
Uwe ‚Muckel' Rathje, Gerd ‚Sammy' Trunczik, Peter Florek,
Folkert ‚Folli' Jahncke, Niels Vogt, Jörn König, Toni Schäfer,
Christian Lammers

GESANG
Andreas ‚Bärchen' Sauck, Peter Florek, Jörn König,
Christian Lammers

BASS
Andreas ‚Bärchen' Sauck, Uwe Zerbe, Hartwig Rudkowski,
Bernd Harms, Volker Christ, Andreas Engelhardt

PERCUSSION
Bernd ‚Barny' Rathje, Jochen Hahn-Röhrs, Ulrich ‚Ulli' Jacob

TECHNIK
Gerd ‚Gerdchen' Piper, Friedhelm Salge

EINE WEITERE KÜNSTLERBIOGRAFIE VON SVEN ROHDE: „DER TRAUM VOM LEBEN IN DIR"

https://www.bod.de/buchshop/

Die bewegende Geschichte einer Frau, die mit 77 Jahren ihre Bühnenkarriere begann

Als Ruth Rupp zur Schule kam, war Hitler noch nicht an der Macht; als Deutschland in Trümmern versank, stand sie an der Flugabwehrkanone. Aufregend und voller verblüffender, dramatischer und glücklicher Wendungen ist ihr Leben bis ins hohe Alter. Sie ist heute 94 – und tritt immer noch auf.

DER TRAUM VOM LEBEN IN DIR ist die faszinierende Lebensgeschichte einer Frau, die mit 77 Jahren ihre Bühnenkarriere startete. An der Seite von Ulrich Tukur, der das Vorwort schrieb. Nur 1,43 Meter ist Ruth Rupp groß, aber wahre Größe misst man eben nicht in Zentimetern. Mit Humor, Herzensbildung und Bescheidenheit gelingt ihr ein reiches, ein erfülltes Leben.